U0919173

SPALDING
NBA
Los Angeles

Los Angeles
8
SPALDING

科比印象

KOBE BRYANT
AN IMPRESSION

〔美国〕阿蒂巴·杰斐逊 编著

陈璐 蔡巍 译

译林出版社

图书在版编目(CIP)数据

科比：印象 /(美)杰斐逊(Jefferson，A.)编著；陈璐，蔡巍译 .——南京：译林出版社，2016.5
ISBN：978-7-5447-6255-7

I. ①科… II. ①杰… ②陈… ③蔡… III. ①布莱恩特，K.– 传记 IV. ① K837.125.47

中国版本图书馆 CIP 数据核字 (2016) 第 056315 号

Creative Director: Atiba Jefferson
本书由译林出版社与北京硕为文化传播有限公司联合出版

书　　名　科比：印象
编　　著　[美国]阿蒂巴·杰斐逊
译　　者　陈璐　蔡巍
策划编辑　贾芃　阳焱
责任编辑　王蕾
出版发行　凤凰出版传媒股份有限公司
　　　　　　译林出版社
出版社地址　南京市湖南路 1 号 A 楼，邮编：210009
电子邮箱　yilin@yilin.com
出版社网址　http://www.yilin.com
经　　销　凤凰出版传媒股份有限公司
印　　刷　北京日报印务有限责任公司
开　　本　635*965 毫米　1/16
印　　张　14
版　　次　2016 年 5 月第 1 版　2016 年 5 月第 1 次印刷
书　　号　978-7-5447-6255-7
定　　价　168.00 元
　　　　　　译林版图书若有印装错误可向出版社调换
　　　　　　(电话：025-83658316)

LAKERS
24

科比·布莱恩特，在我眼里，他是伟大的球员。在我的镜头里，他更是完美的拍摄对象。

1996年，我们一起开始了各自的职业生涯。在洛杉矶西部论坛球馆，他是NBA最年轻的球员，珍惜每次上场机会；我是20岁的摄影菜鸟，琢磨着对焦和抓拍更好的瞬间。

一晃20年过去了，作为年长两岁的兄长，我有幸见证了他职业生涯的全部。期间，我完成6次对他的封面拍摄，担任湖人的场边摄影超过150场次。在现场，我见证了科比所有的5次总冠军，以及2008年那次惨败给凯尔特人的总决赛。

我还有过全程拍摄他中国行的难忘经历——2010年的那次中国之旅让我意识到科比在中国球迷心中的分量。作为常年定居在美国西海岸的篮球人士，我可以很确定地说，科比在中国任何一个地方的受欢迎程度都不亚于在他的主场。

受此恩惠，在一场科比中国行活动开始前，竟然有中国球迷看见我的背影将我误认成了科比，我甚至因此还被迫给几位粉丝签了名——《科比：印象》的最初想法就出现在这个特殊时间点。我喜欢有趣的一切，用图片跟中国读者去讲述科比的故事显然是有趣的，比我假冒科比有趣得多。

——Atiba Jefferson

在这本纪念册中，你读到的故事都是通过图片传递的。这里有我上百次拍摄经历中的精选，也有我和编辑挑选的其他优秀摄影师的优秀作品，包括克雷·麦克布莱德大师定义“黑曼巴”的经典之作，还有我导师，湖人第一摄影安德鲁·伯恩斯坦的珍藏。

和科比打交道的这20年，他最让我欣赏的是他的工作状态——第一关键词永远是专注，不论是出现在球场，还是出现在我的镜头前。而在工作之外，他还是很友善的朋友。不论在任何场合碰面，他都会抽出时间和我聊天说笑。最难忘的2010年，圆梦第五冠的他在更衣室疯狂庆祝时还不忘带上我。我已经等不及带上这本纪念册再去跟科比聊聊了。

LAKERS
24

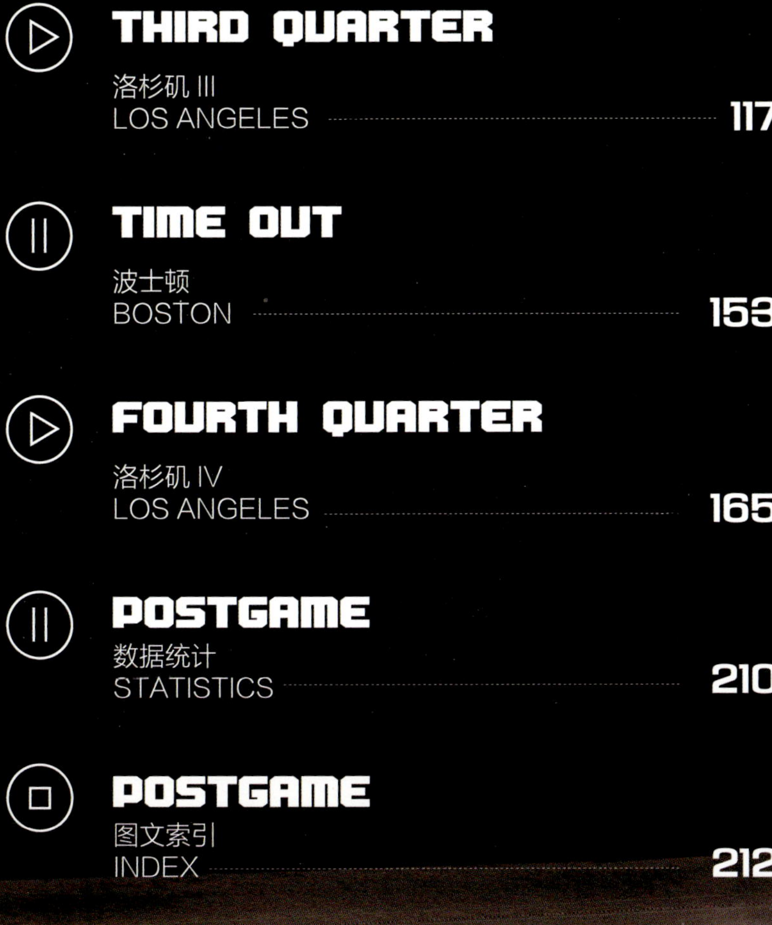

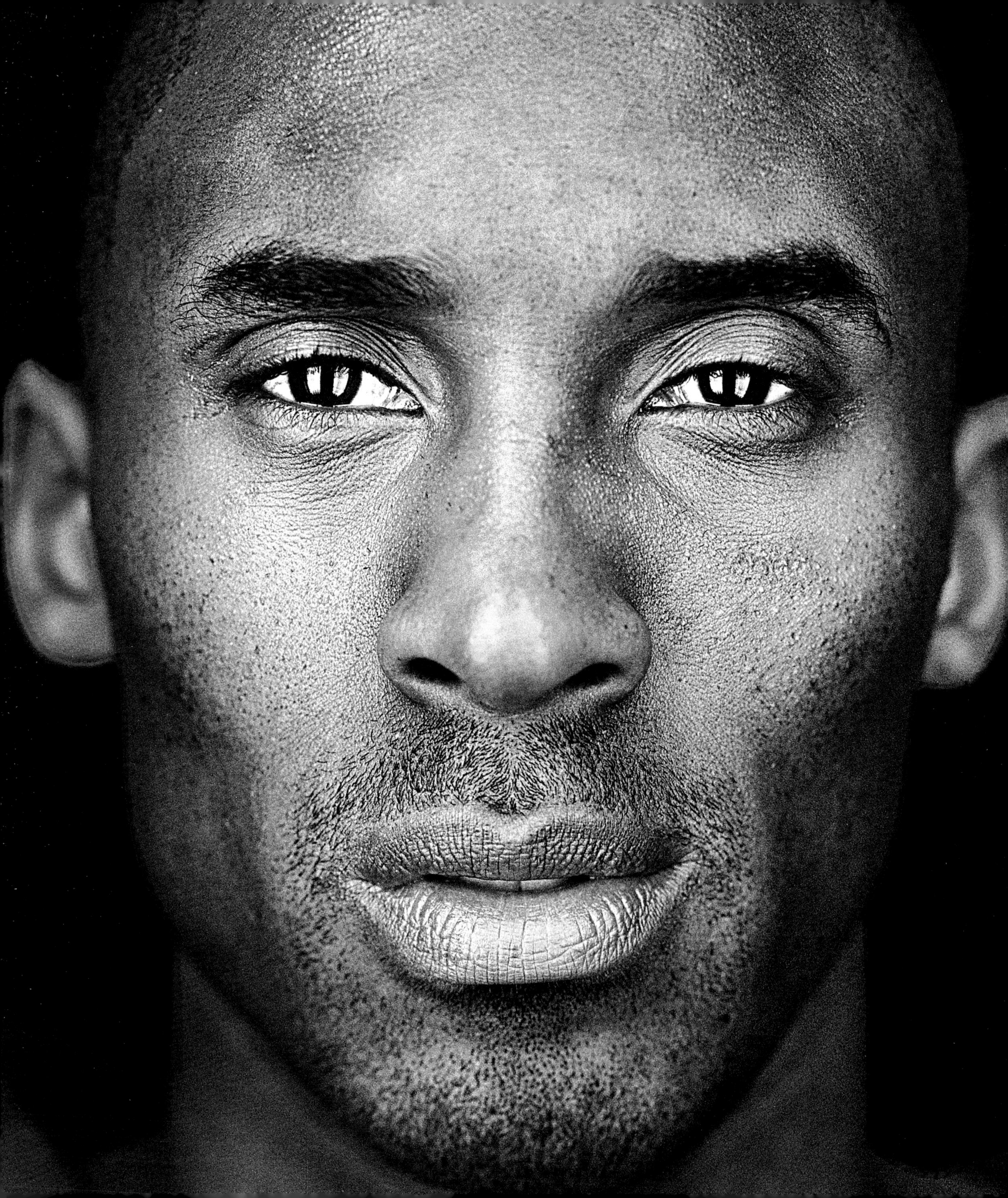

费城
PHILADELPHIA

PRE-GAME

I think the older I get, the more I appreciate coming back here and playing. I certainly embrace the city and I love everything that it's taught me. So, I'm deeply appreciative of it.

在我看来，随着我年纪越来越大，我越来越喜欢回到这里比赛。我要拥抱这座城市，我爱这里教会我的一切，对这，我充满了感激之情。

”

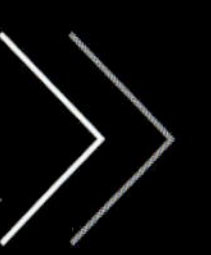

科比·布莱恩特曾说过，当他冥想时，他的思绪“总会”飘到篮球上。但最近，情况开始有了转变。他的思绪只是有时会到篮球上，而不再是“总是”。

“对我来说，这是给我的第一个暗示，这已经不是一个会让我再痴迷很久的运动。”科比承认，他有这个想法已经有一阵了，“我当时总是在说，如果发生些改变,我就会改变想法，但问题是，那说明了什么？这种决定不是通过外部条件得出的，而是内在的决定。”

在 NBA 征战 20 年后，他承认，他的心理能经得住冲击，他的神经能承受艰辛，但身体知道，是时候说再见了。“不，这其中充满魅力。这就是一个循环。一个关于成长和成熟的自然规律。我并不感到悲哀。我有过很多伟大时刻。现在，我已经不能把防守者甩在身后。每天起床后会感到身体的疼痛，但我看到了其中的美，因为我知道是那些努力让我达到了今天的高度。对此我不感到悲哀，对我能拥有的一切,我非常感恩。现在,我学会了要顺其自然。我已经能看着镜子里的自己说，我从很小开始就一直在努力努力努力。所以我坚信，我已经竭尽全力了，没有后悔。”

WHEN WE FIRST MET I WAS JUST A KID.

Some of you took me in. Some of you didn't.

But all of you helped me become the player and man in front of you today.

You gave me confidence to put my anger to good use.

Your doubt gave me determination to prove you wrong.

You witnessed my fears morph into strength.

Your rejection taught me courage.

Whether you view me as a hero or a villain,

please know I poured every emotion, every bit of passion

and my entire self into being a Laker.

What you've done for me is far greater than anything I've done for you.

I knew that each minute of each game I wore purple and gold.

I honor it as I play today and for the rest of this season.

My love for this city, this team and for each of you will never fade.

Thank you for this incredible journey.

当我们第一次相遇时

我还是个孩子。

一部分人接受我，一部分人没有。

但你们都成就了今天站在你们面前的我。

你们给我信心让我更好地利用愤怒。

你们的质疑让我下定决心证明你们是错的。

你们见证我的恐惧转变为力量。

你们的抛弃成就了我的勇气。

无论你们视我为英雄还是恶棍，

都请你们记得我为成为湖人的一员倾注了每一丝情绪、

每一份热情和我的整个人。

你们为我所做的一切远比我为你们做的伟大。

我知道每一场比赛的每一分钟我都身穿紫金球衣。

我为今天的比赛和余下的职业生涯感到荣幸。

对于这个城市、这支队、你们中每一员的爱永远都不会消逝。

感谢这段令人难以置信的旅程。

23

“

我的父亲总是带着对篮球的热爱在打球，这也是他经常教我的一点。他告诉我，不要让压力和期待夺走了我对篮球的爱。他告诉我，你必须成为一个全能的篮球手。

”

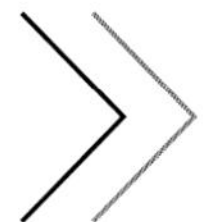

结束8年NBA生涯的乔·布莱恩特，赋闲在家长达一年之久。他的风格在美国并不讨好：NBA的教练们喜欢严肃凶狠和强悍的选手，而乔在这种职业氛围里极易被视作一个“疯子”：总在微笑，总是很快乐，对所有人都十分亲切，无时无刻不在传递一种轻松快乐的心情。即便在NBA赛场上，他也渴望做完整的自己，凭天赋为观众带来喜悦。乔的确极富天赋，1973年至1975年间在拉萨尔大学队执教过乔的教练保罗·韦斯特海德(也是1980年带领湖人夺冠的教练)曾说：“如果让25岁的乔和25岁的科比进行篮下一对一的对抗，我并不能保证黑曼巴一定会赢。”

于是乔决定去欧洲，重新寻找机遇。有人向他提起过西班牙、法国，当然也有意大利。唯一的麻烦在于乔的个性：谁会敢要一个“疯子”？

结果里耶蒂俱乐部只花了4万美元就签下了乔，虽说这纸合约对有8年NBA经验的乔来说毫无吸引力，但他并没怎么犹豫就签了字。或许他也急着再战篮坛，证明自己的实力。或许是因为年纪足够大了，乔决定带着自己的家人一起去意大利，事实上，里耶蒂城都在期待他和他家人的到来：乔、他的妻子和三个儿女，科比和他的两个姐姐。

在意大利时，科比·布莱恩特的同学都很喜欢足球，他也会踢上几脚，但篮球才是他的最爱，谁也别想从他手中或脑袋里抢走篮球。

在父亲的球队塞巴斯提亚尼队比赛间隙，科比总会趁母亲不注意，偷溜进比赛场地。尽管篮筐对当时的他来说还太高，但这丝毫挡不住他的热情。他会在暂时空出的赛场上运球、投篮、运球、做假动作。为了让比赛重新开始，俱乐部人员总得费劲赶“小东西”出场。可怜的迪法齐用浓重的意大利口音喊着科比：“戈皮，戈皮，快闪人！”

科比那时只听妈妈的话。只有当母亲从看台上下来，他才乖乖跟她回到看台上。但是只要休息时间一到，他又会重回篮架下方。“他投的球都还没法碰到篮筐，”帕斯库艾蒂回忆说，“但他还是不断尝试着投篮，他甚至要从三分线外投。那时候他的运球就已经相当漂亮。他对每个人都说：‘我以后要在 NBA 打球。’”

他也对菲尔·梅里洛这么说过，当时他是塞巴斯提亚尼队的另一名前锋。梅里洛回忆道：“当时我就寻思，这小家伙将来真能变得和他那2.06米的父亲乔一样优秀吗？他也可以在篮球场上无所不能吗？不，我感觉他不可能超越他父亲。这是我当时给出的答案。”

“他总像一列火车似的快跑，从不停下来。他热爱他的父亲，而乔也非常看好这唯一的儿子。他们是一个其乐融融的家庭，科比和两个姐姐都非常有教养。每次我去他们家，一到晚上 10 点，乔就会对几个子女说：'孩子们，该睡觉了。'科比和两个姐姐夏丽娅、莎雅都乖乖地道晚安上楼睡觉。"

迪法齐的儿子克劳迪奥回忆："那些年我是里耶蒂少儿篮球队的教练，我队里的孩子都是1975年出生的。一天乔把科比带来我的球馆。我当时非常担忧：'一个比其他孩子要小3岁的萝卜头，我该怎么教导他？'"克劳迪奥当年的担忧不是没有道理，当时的小科比身体非常单薄，他很可能会受伤。

"可他毕竟是乔的儿子，所以，我不敢不收他。可训练开始5分钟后，我不得不站到一旁，因为这孩子的水平已经超出了大他3岁的队友们。其他男孩投篮时，只能把皮球放到与肚脐齐高的位置发力，而小科比已能从更高的位置发力。"克劳迪奥说。

在克劳迪奥·迪法齐执教的少儿篮球队训练了几个月后，科比参加了队里的一场杯赛，普拉斯蒙杯赛。克劳迪奥劝说组织方接受小科比参赛，虽说他的年龄有些偏小。"第一轮比赛才开始几分钟，我们队就10比0领先，皮球一直在科比一个人手里。他既不让对手得球，也不传球给队友，他只是不断投篮得分，不断抢篮板，又再得分。"

那时出现了非常奇特的景象，场上 9 个男孩都哭了：5 名对方队员哭是因为得不到球，而科比的 4 名队友哭则是因为，他从来就不传球给他们。

场边的家长看见自己的孩子哭了，便大喊大叫地抗议："够了，把这家伙赶走。他让别人都没法玩了。你们应该让所有人都有机会参与。这样下去的话，谁都得不到乐趣。"克劳迪奥考虑了几秒钟，才叫住小科比。"我换下了他。他非常生气，甚至不回替补席，而是直接去看台上，哭着找他妈妈。才6岁，这家伙就已经这么有个性了。"

但小家伙的情绪还没有完。到了给每位参与者颁发奖牌的时候，没有科比的。克劳迪奥甚至有些慌，小科比还不知会怎么生气呢。

"他可不好糊弄。"克劳迪奥说，"最终，我不得不从另一个男孩手里要到（或者说抢到）一块奖牌给了科比。还好，这孩子尽管老大不情愿，但还是愿意给我。小科比看上去比实际年龄要成熟至少 5 岁，还有些沉默寡言。"

时光飞逝，1992年的意大利还沉浸在卡瑟塔队夺得意甲冠军的氛围里，乔·布莱恩特全家却已回到美国费城。乔在想法子找一份适合自己的工作。一直以来他都在打篮球，其他工作什么也不会。唯一的办法就是留在篮球圈内，运用自己多年来在NBA和意大利的经验，做点什么事。他想成为也必须成为一名篮球教练。

他遇到的麻烦并非来自自己，毕竟，乔有着一张太过和蔼的脸庞，加上他还那么爱笑，对方总是很难信任他。经过一番周折，他总算谋到了一份有些特殊的教职：在费城附近一所规模很小的大学，阿其巴希伯来学院里担任女篮主帅。

一切迹象和条件似乎都在预示，乔教练生涯的开端会很糟。但事实刚好相反，奇迹发生了。希伯来学院的女孩并不只是被乔的前NBA球星身份所吸引，她们更加惊喜地发现，这是一个懂得鼓励队员的教练，即便在她们失误的时候他也不会大吼大叫。乔执教之初，入队已有一年时间的女孩艾米·玛莉沙很快就对这位体型微胖的大叔心服口服：“两次训练下来，我们就明白他对我们有多么真诚。乔来了之后，我们的训练和以前大不相同了。”

她们开始不断赢球，在面对其他院校的对手时，姑娘们还和乔用上了暗语。这些暗语往往由英语、希伯来语和意大利语组成。乔教会了她们如何用意大利语说诸如“三角阵型”(Triangolo)之类的词语。而乔也从姑娘们那里学会用希伯来语说这类词语。每当他在比赛场边用这门陌生的语言吼叫着阵型，姑娘们总会被逗得大笑。

新工作并没让乔忘记自己的主要职责，那就是培养儿子，让他充分发挥篮球天赋，成为一名球星。从科比3岁开始，乔就一直关注着他在篮球上的进展。再加上，科比很快将升入高中，在那里他或许会遇上青春期难免的各种躁动和麻烦。要让父子间继续保持良好互动，唯一的好办法就是让科比每个周末到希伯来学院来陪他训练女篮。

每当乔指挥着女队员们训练时，科比就会独自坐在场地的另一侧，对着墙连续40分钟练习运球。只要球场空闲，他就会像小时在意大利一样，跑进场内投篮。与过去唯一的不同是，14岁的科比个头长得飞快，已经可以扣篮。乔对女篮的训练结束后，会把儿子叫来，和女孩子们玩一轮“二打五”。父子俩一队，女孩们一队。这一游戏总把这些女孩练得喘不过气来。艾米·玛莉沙对科比的印象深刻：“那时他很瘦，总是很安静，注意力也很集中。每次他和他爸爸都会把我们打得落花流水。”

33
ACES

33
53

“

那些人说:‘只有百万分之一的人能成为NBA球员。’我说:
‘伙计, 你看着, 我就会成为那百万分之一。’

CHAMPION
SCUBA GEAR

在 18 岁的时候，篮球就是我的生活。你不可能比我更强，因为你不会花跟我一样的时间。即使你想花那么多时间，你也不行，因为你还有其他的事情。你有其他的责任让你不能一直和篮球在一起。所以我已经赢了。

“

（2002年费城全明星赛让）我非常沮丧，非常沮丧。我非常受伤。我只是想走出去，只是想比赛，只是想努力比赛。但他们嘘我。尽管如此，我一直喜欢回家的感觉，我一直都喜欢在费城比赛。我在NBA的第一场比赛，我的菜鸟赛季，我的高中时代，他们也嘘过我。这是真正的伤害，因为来这就像是回家。这真是太……太伤人了。

WELCOME TO COMCAST
B R Y A N T
First Union
NBA ALL-STAR 2002
got milk?
MOTOROLA

LOWER MERI
HIGH SCHOO

如果你害怕失败，那接下来，
你可能就会真的失败。

洛杉矶 I
LOS ANGELES
FIRST QUARTER

Because I played with Shaq. It's that simple. A lot of the time we cancelled each other out. I sacrificed a lot playing with him. I really did. I did it for the success of the team. If I never played with him, my numbers would have been ridiculous.

正因为我和沙克做队友，就那么简单。很多时候，我们都会互相抵消。和他打球，我牺牲了很多。真的是这样。我为了球队的成功做出了牺牲。如果我没和他做队友，我的数据会很恐怖的。

LAKERS
8

LAKERS
8

跨过大学直接进入NBA是(我做过的)最好的决定。就是这样,最好的一个。你们能拥有很多那样的高中球员,他们去上大学,在那里待上4年再出来,可他们没有准备好。你们也能拥有这样的高中球员,他们跨过大学,他们准备好了。所以我认为,这在于你的导师,在于你内在的动力,或者这个孩子自己的灵魂。你当然能去大学待上4年,得到恐怖的受教经历,这可比让一个孩子在17岁去联盟要可怕得多。

Raptors
21
LAKERS
8
3

BLAZERS
5
SUNS
13

那感觉无与伦比。你有机会在你从小崇拜的球员面前表演，他们都是为现在的联盟奠定基础的人。我每年都会看扣篮大赛，从J博士、大卫·汤普森到迈克尔·乔丹。能让J博士从座位上跳起来，这感觉太棒了。他曾经在费城和我父亲一起打球，他是看着我长大的。

10:08
NBA

GARNETT
21
8
SONICS
20
NBA

“

（1998年的全明星赛）感觉有些难以置信。我全身麻木，心跳加速。我不知道该想什么。这（和乔丹对位）很酷。我很有侵略性，他也很有侵略性。就是这样。我学到的这些都可以在未来加以应用。他投中那两个转身跳投。我当时的反应是：‘酷！让我们开始吧。’

“

我缺乏自信，我没有安全感，我害怕失败。有些夜晚，当我出现在场馆里，我会想：我的背受伤了，我的脚受伤了，我的膝盖受伤了，我不再拥有它们了。我们都会缺乏自信，你不能否定它，但你不能对它投降，你要去拥抱它。

”

“我和懒人是绝缘的。我们说着不同的语言。我不理解你。我也不想理解你。”

LAKERS
5

“

我认为，除非他赢得了冠军，否则一名教练不会变成真正正确的教练。

“

我们的挡拆是无法防守的，我们都有能力惩罚他们做出的选择，他们能做的只是选择一种死法。

”

NBA
LAKERS
8
LAKERS
34
SPALDING
SIXERS
40
10
20

TOYOTA
SIXERS
3
8

兄弟，你曾经让一个 21 岁的我激发出了想象不到的潜力。

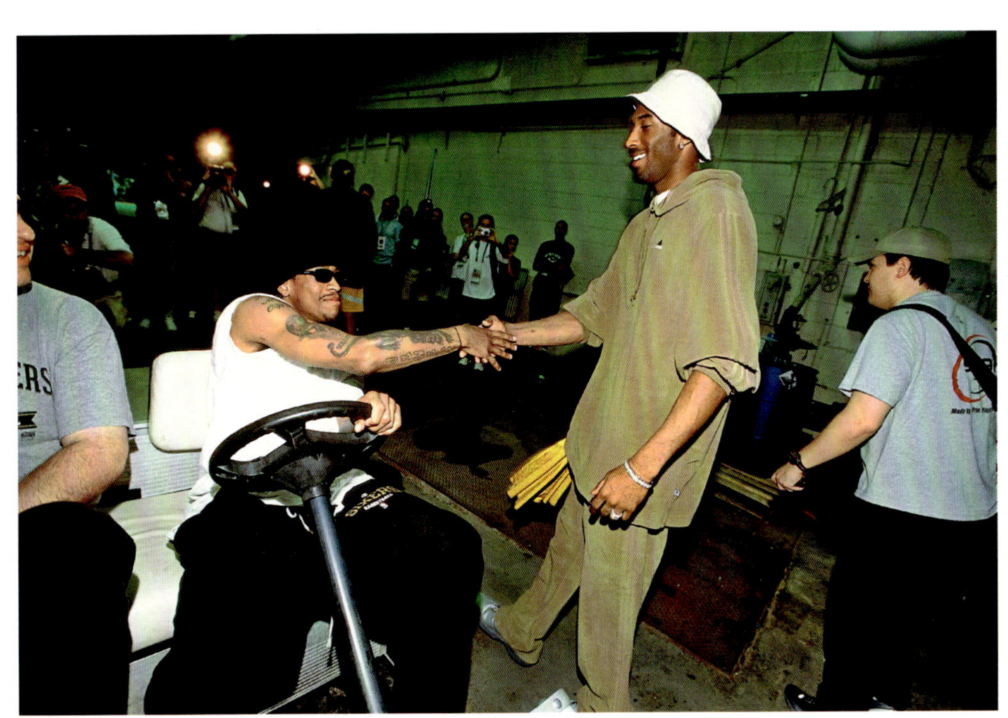

“

他拿到第六枚戒指？这对我绝对不 OK，我接受不了。

Los Angeles

“

第一个冠军，让人有一种新鲜感，这种感觉很好。第一个的感觉永远是最好的。第二个，我们在那一年经历了很多波折，这让它变得特殊。我们证明了自己是真正的强队。而这一个，让我们进入了历史伟大球队的行列，这感觉棒极了。

人们只是不明白，我对胜利多么痴迷。

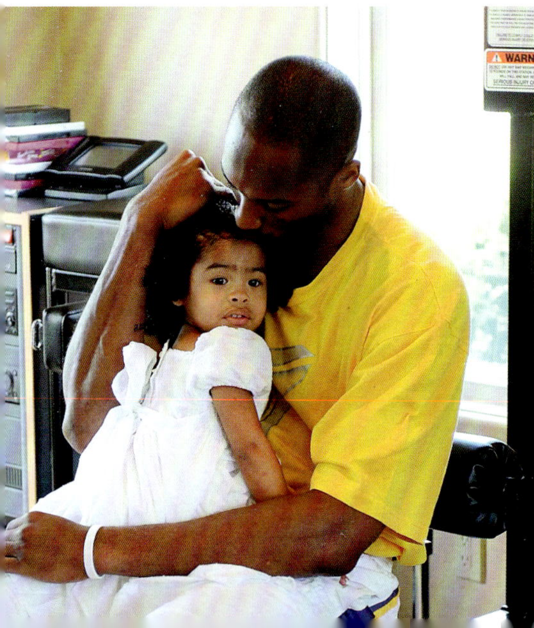

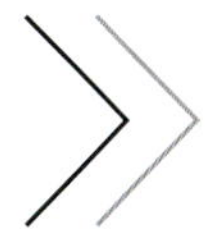

一见钟情大概就是这样，刚刚成名的科比在录制自己那张最终并未得到发行的专辑的单曲MV时，遇到了还在读高中的瓦妮莎·莱恩，然后在两人分别只有21岁和19岁的时候，就步入了婚姻的殿堂。科比说，这段婚姻让他从男孩真正成为了男人，懂得了身上的责任，让他的球场气质得到提升。

球场情场都得意，一切就像是童话一样。但即使童话里的人物在找到最终的幸福之前，也要经历磨难，更何况是在现实生活中。由于种种原因，他们的婚姻并没有受到父母的祝福；之后是几乎毁灭了一切的鹰县事件，瓦妮莎因为压力甚至流产；接下来还有两人的婚姻危机。但哪段感情不会经历波折？

在科比宣布退役后，瓦妮莎在Instagram上写道："这对我们所有人都意味着很多。当这一章行将收尾，下一章即将展开的时刻，我真的很期待，上帝对于我们这个家庭会有什么新的安排。我们爱你！"

“

Dropkick Murphys 让我开始了（说唱），还有 Red Hot Chili Peppers, Nirvana……再加上其他所有伟大的 hip-hop 团体。

”

萨克拉门托
SACRAMENTO
TIME OUT

It wasn't that good. I only had half of it … As far as a conspiracy, I don't know, no one knows.

那个汉堡味道根本就不好，我只吃了半个……是不是阴谋，我不知道，没人知道。

“

人们在场上看到的是我的另一面，那不是我。

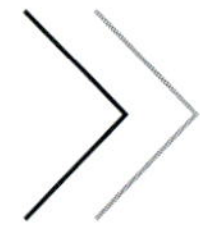

菲尔·杰克逊把萨克拉门托称作“牛圈”，说这里的人还处于“半文明”状态。在2001年季后赛碰面时，湖人先是嘲笑了国王在首轮有些过头的庆祝，奥尼尔揶揄了迪瓦茨的防守小动作，最过分的是，他们给了国王一个尴尬的横扫。双方口水战不断，一对死敌正在形成。

然而，这只是2002年西部决赛的序曲。系列赛第二场比赛当天的凌晨3点，科比打电话给队医加里·维蒂，当后者来到科比房间时，看到“他像一只虾一样蜷缩在地板上，那样子真的很糟”。典型的食物中毒症状。而那天晚上，他唯一食用的是酒店客房服务送来的半个芝士汉堡。

“你是没看到科比的样子。”当时湖人的球员德文·乔治说，“我永远都不会忘记，他们给他输液，他不停地呕吐，满脸冷汗，真的很糟糕。”那场比赛，湖人不出意外地输了，尽管科比依旧拿下了还算不错的22分。

但最终，经验战胜了华丽，湖人连续第三次打进了总决赛，可惜的是，两支队在之后再也没能在季后赛碰面，也让人唏嘘不已。

Gatorade
Gatorade
Gatorade
Gatorade

LAKERS
8
KINGS
00

kings.com
BRYANT

DIVAC
21
LAKERS
2
2:36
22

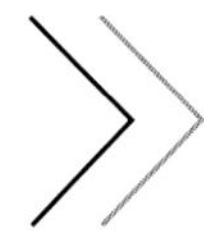

如今，弗拉德·迪瓦茨坐在国王总经理的座位上，考虑着球员的价值和球队的潜在交易。但20年前，他却坐在办公桌的另一头，听着湖人告诉他，他自己将被交易。

有很多球员在自己的职业生涯中被交易了很多次。在迪瓦茨16年NBA生涯中,他只被交易了一次，但这一次却被人铭记。那是因为他交易换来的对象是科比·布莱恩特。

当时，迪瓦茨并不喜欢这个交易，因为球队在没有通知他的情况下，把他送到了美国另一端的一支球队中。他甚至想以退役作为威胁。

谁也不知道如果当时他真的退役，联盟会不会否决这一交易，历史会不会被改写。因为他最终还是同意去了夏洛特，湖人也利用这笔交易成功腾出了空间，签下了自由球员中锋沙克·奥尼尔。

如今，在回想那段历史时，迪瓦茨说："我一开始并不喜欢，但后来，我想，如果我是在杰里·韦斯特的位置，我也会做一样的事。我会用我去换科比，毫无疑问。而且，这么说吧，如果他们用你去换科比，至少证明你肯定不差啊。"

洛杉矶 II
LOS ANGELES
SECOND QUARTER

I was shooting 45 times a game. What was I supposed to do?
Pass it into Chris Mihm & Kwame Brown?

我曾在一场比赛中出手 45 次。我该怎么做呢？传给克里斯·米姆或者夸梅·布朗吗？

NBA
LAKERS
8

“

在看了那部电影(《杀死比尔》)后,我去查了那只叫黑曼巴的动物。第一反应是:喔!这好酷!这就是对我球风的完美诠释啊。拍这张照片时,我当然记得它,那是一条货真价实的王蛇。当时那条蛇就这样盘过我的肩膀,挂在胳膊上。你知道,最可怕的地方在于,当它不打算移动而我们想让它换个姿势时,它便会紧紧勒住你的身体,还发出刺刺的声音,那才叫恐怖!

”

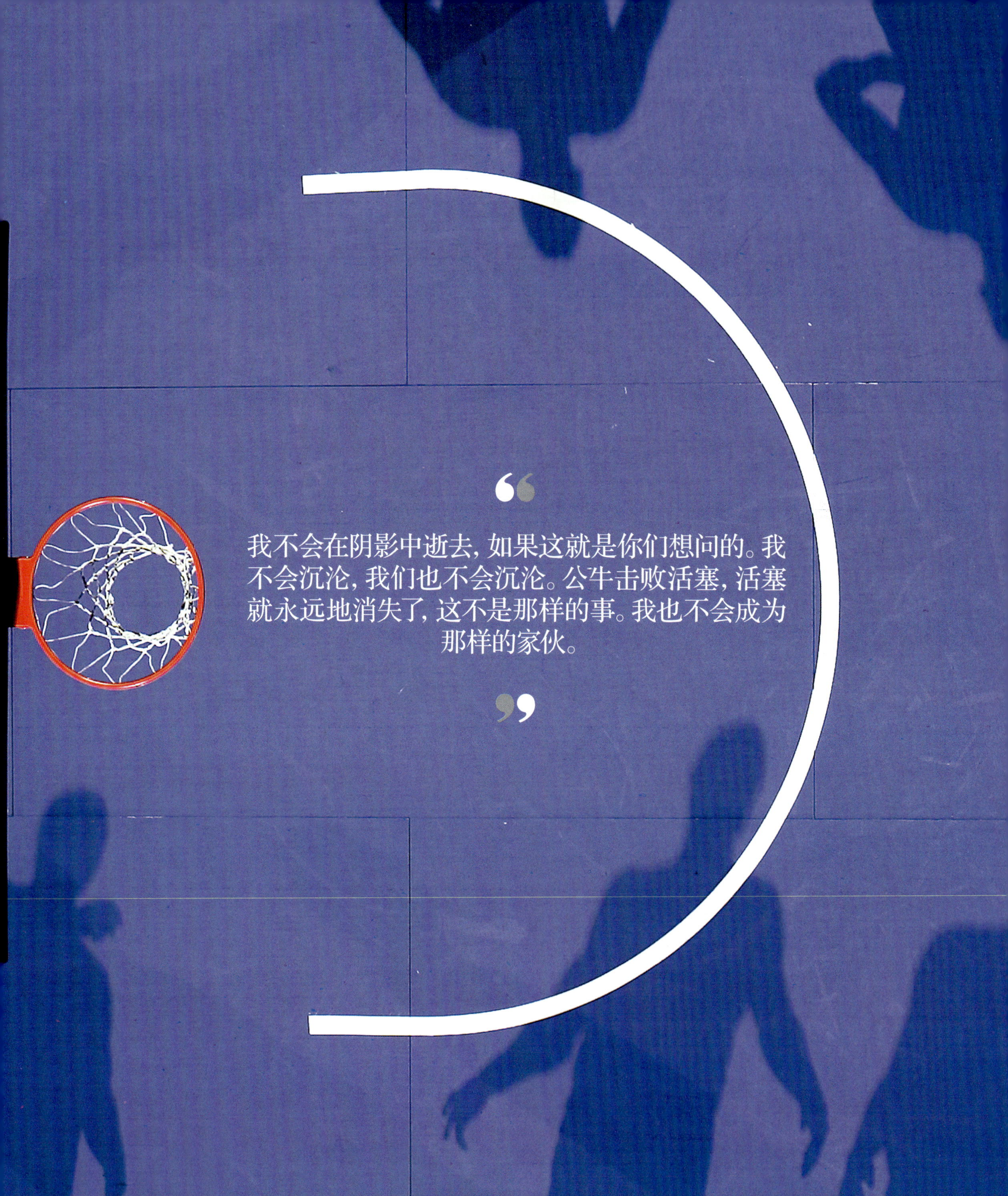
我不会在阴影中逝去，如果这就是你们想问的。我不会沉沦，我们也不会沉沦。公牛击败活塞，活塞就永远地消失了，这不是那样的事。我也不会成为那样的家伙。

adidas

“

那段经历是一堂很好的课。我们现在都非常尊重彼此。

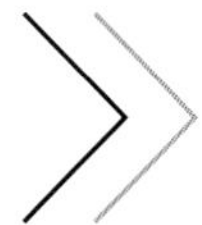

2003年注定是多事之秋，案件03CR204号在科罗拉多开始听证，科比·布莱恩特得在来回奔波的同时，处理他和沙克·奥尼尔更加紧张的关系。

科比、奥尼尔和菲尔·杰克逊三人都在那年面临着合同到期的问题，这让一切变得更加敏感。在夏威夷的训练营开营时，科比因为膝伤没有到场，记者就询问奥尼尔对阵容不整怎么看。

“我不知道怎么回答这个问题。”他说，“因为全队都到齐了。”

之前，杰克逊已经把“外人”的标签贴到了科比身上，奥尼尔的这句话更是火上浇油。

科比终于在季前赛倒数第二场复出，32分钟内14投4中，第二天又是10投3中。奥尼尔说，既然身体没恢复，就应该多传球。这也彻底打响了这场舌战。

“我知道怎么打后卫。”科比说，“他应该考虑怎么在低位打，我考虑我自己的打法。”

“我没有要教他怎么打后卫，我是在教他怎么打团队篮球。”奥尼尔也不甘示弱，“如果你不喜欢，你下赛季可以跳出合同。”

奥尼尔的自信也表现在行动上。几天前，他在完成一次扣篮后，对着巴斯博士大喊：“给老子钱！”

新来的卡尔·马龙和加里·佩顿自然不了解洛杉矶的情况，在事件安静了一天后，他们都以为问题结束了。“不会继续了，相信我。”马龙说。

然而，这仅仅是一个开始，科比回到家打电话给ESPN的吉姆·格雷，一吐心中对奥尼尔的怨气：“生活不只是谁的球队那么简单，但这是他的球队，那他就应该以身作则。这意味着他不应该在训练营开始的时候那么胖，当他的球队指望他时，他的身材不能走样。这也意味着在球队失败的时候，不要指责其他人或者工作人员，然后过分放大自己的伤病，以此逃避对自己体能条件不足的责任。领袖不会求别人给他合同。我们有两个名人堂球员几乎在免费打球，他却在媒体面前要3000万的大合同。你不能觉得自己的球权不够，就威胁不防守、不抢篮板。我不需要沙克告诉我，他是怎么带着伤病打球的。我曾经打着点滴上场，曾经手部骨折、脚踝扭伤、牙齿被打掉、嘴唇被打裂、膝盖肿得像棒球，但依然在比赛。我不会因为脚趾的小伤缺席15场比赛。”

“他不是我的‘大哥’。”科比如此总结他和奥尼尔的关系，“大哥应该会在夏天的时候打电话问一下我的情况。”

这个采访彻底让球队内部乱成了一锅粥。第二天训练时，如果不是被队友拉住，奥尼尔早就一拳挥向科比了。而按照科比的性格，他显然也不会让步。

“当时我正处于爆发边缘，因为我还没有新合同。科比也一样，因为他可能会进监狱。所以我们彼此之间并没有沟通。”奥尼尔说，“教练组告诉我们：‘不要再公开对立了，否则你们将接受处罚。’菲尔对此感到厌烦，卡尔·马龙和加里·佩顿亦是如此……所以发生什么了？他说我很胖，他说我花费了太多时间，像挤奶一样治疗脚趾伤病，而实际上，那伤并不严重。他还说我像说客一样企图获得续约。我当时坐着看完了那段采访，我暴怒了。数小时之前，我们还向教练承诺，我们会停止。这是对停战协议的破坏。我要让那个家伙知道，我要杀了他。”

即使在联盟征战了18个赛季的马龙也是第

一次见证这种景象。“我来的时候是做好困难的准备的，但我绝对没想到是这样。我经常会坐在更衣室里对他们说：‘你们居然是这样拿到三连冠的？’”

当然，他们不可能是这样三连冠的，但他们也远不是和平相处的。就像一位队友所说的，他们对于彼此没有喜欢到不吵架的地步，也没有讨厌到不努力打球的地步。

从一开始，奥尼尔就看不惯科比早早获得扣篮大赛冠军，入选全明星先发阵容。在科比的球衣销量超过了自己后，他更是嫉妒不已。湖人当时的代理主教练科特·兰比斯让球队的老将奥尼尔主动和科比和解，他说奥尼尔给了他“一个高冷的白眼”。

两人的第一次公开交火来自于第一次夺冠后，当时的情况就像科比现在回忆的，“当巅峰时期的张伯伦和年轻的乔丹成为队友，而乔丹想要获得控制权，你觉得迈克尔会等多久才开始说：‘你知道吗，现在该轮到我展现一下我的实力了。’”

奥尼尔显然没有做好让步的准备。“我从来没有遇到过‘这是谁的球队’的问题。但很显然，当所有进攻都从我发起时，结果是67胜15负，大家都很有激情。整个城市为之雀跃，我们有冠军游行。现在，我们23胜11负，所以你算去吧……我不需要和任何人共存，我已经证明了我是在这干活的。我是一个无私的大个子。防守，抢篮板，在篮下接球得分，这就是我做的，也是我们之前所做的。”奥尼尔甚至表示，自己宁愿和特雷西·麦克格雷迪做队友。

对此，科比反击道：“我角色的增加不是球队的问题，防守才是。他的得分不应该影响他的防守。”

不过，到了球队需要冲击总冠军时，他们总能按下停战开关，这让他们成为了联盟里无法阻挡的二人组。但2004年总决赛失利后，由于杰克逊续约失败，OK组合的解散也已板上钉钉。尽管科比多次强调他对于奥尼尔的离开毫无责任，但在交易的第二天就续约，还是让他处在了媒体攻击旋涡的中央。他们说是科比赶走了奥尼尔，就连奥尼尔本人也表示：“当我要离开的时候，科比是可以出来说话留我的。他本可以挽救一切，但他什么也没说。”但也有人不同意这个说法。

“对于他俩的关系，奥尼尔责任更大。”三角进攻教父泰克斯·温特说，“科比尝试过牺牲，尝试过取悦沙克。但反观沙克，他所有的采访里，说的都是我、我、我。把球给我，这是我的球队，我的城市。沙克是一个很好的人，很热情，很慷慨，幽默感十足。但是他脾气也很大，难以预测，而且非常以自我为中心。”

无论如何，两人的队友之路画上了句号，道克·里弗斯都为之心痛：“这是篮球界最大的灾难，他们本可以在一起拿到5个总冠军。”

好在时间可以冲淡一切。自从“跑车撞砖墙”后，两人的直接恩怨就一直在被淡化，各自分别取得的成功也让两人可以更冷静地回顾这段历史。

多年后，他们早已冰释前嫌，也都意识到了过去的不成熟。“那段经历是一堂很好的课。”科比说，“我们现在都非常尊重彼此。”

卡尔·马龙和加里·佩顿的到来带来的不仅是华丽，更是混乱。

在拉斯维加斯打季前赛时，电视台摄像师大声问湖人工作人员：“谁叫加里·佩顿？”赛后采访，进入更衣室的女记者更是在看到费舍尔时说：“你好，德隆！”而科比由于鹰县的案子变得自闭和敏感，他公然在队友面前大发雷霆，和奥尼尔正面对峙。奥尼尔则利用自己在媒体圈的人脉开始反击。这让马龙都不禁感叹：“你们居然是这样拿到三连冠的？”

这样的湖人凭借费舍尔奇迹般的0.4秒杀进了总决赛，但当马龙再次因膝伤休战后，他们再没有人可以回应活塞凶悍的内线。他们也成为1985年NBA总决赛改为2-3-2赛制后，第一支客场全败的球队，为这个笑话般的赛季画上了最应景的终结符。

RRY BUSS
AKE
LOS ANG
KE

当他向我提出交易的可
能时，我突然明白，我并
不想离开巴斯博士。

THERE
CAN
ONLY
BE
ONE
NBA
Where
amazing
happens.

LOCAL · LONG DISTANCE · INTERNET
LAKERS
55
MAGIC
3
12

81精神
就得天天练
要有长进
NIKEBASKETBALL.COM.CN

说真的，这是对想象力真正的考验。有很多球员认为得80分是不可能的。你会想到得50分，如果你手感火热，你会想到得60分。但我从没有这方面的限制，我一直认为得80分是可能的，我认为得90分是可能的，我认为得100分也是可能的。一直如此。我认为这场比赛就是一个证明，当你不为自己设定极限时，它就会发生。

这听起来很疯狂，至少我认为大多数人都会觉得这非常疯狂，但得81分对我而言并不是惊喜。我不希望你将此视为傲慢，或者类似的事，但你必须理解，在我的那个年纪（27岁），当我拥有那样的身体状态时，这真的不能算是惊喜。整个夏天我都在做着有计划的工作，每天完成1000次投篮，所以这真不是惊喜。

在那场（同猛龙的）赛前，我们在家（为娜塔利亚）举办了生日派对。家人和朋友都来了，看着那些面孔，那真是美妙又伟大的一天。晚上，理疗师到家来为我治疗膝盖，我的膝盖真的给我带来了很多麻烦。所以，我一边做着治疗，一边就着葡萄苏打水吃着预定来的意大利腊香肠披萨。

当比赛开始后，我试图让膝盖进入工作模式。但我的膝盖当时真的很紧，所以在比赛开始阶段，我只能用脚尖让自己移动。直到那个回合，我完成了底线突破，这奠定了那场比赛的基调。那个回合让我知道，如果我想让这晚成为伟大之夜，它就能实现，因为他们的防守轮转实在是太慢了。如果我运两下球就能杀到篮下，那就意味着，我真的能摧毁他们的防线。

“我本应该得到90分甚至更多的，在连续命中62次罚球后，我错失了两个。我有一些空位投篮，那是真正的空位投篮，但我投失了。”

TOYOTA
PEPSI
FSN WEST 2
STAPLES
Bank of America
Budweiser
8
RAPTORS
8

他们的防守轮转真是太慢了！我开始注意到这些，我开始试探，然后跳投开始命中，我开始进入节奏，膝盖也开始放松，一切变得越来越顺。

我们那时是很衰，但那时我能不停地奔跑。我非常强壮，我甚至觉得，如果我的队友无法比赛了，我能用自己的方式搞定。因为他们的防守轮转问题(那个晚上尤其如此),我知道，我能很快进入节奏，我能控制比赛，我能在任何我想的时候得分，我能在任何我想的时候得到罚球。所以我觉得，如果我真的想，我就能让我们回到比赛中。

第二节的前6分钟，我坐在场外，我本可以在那6分钟得到14,15分的。按照我的方式，我本可以在上半场得到40分。但我必须根据球场上所发生的情况保持节奏，保持注意力，而不是因为想得分，因为球迷的嘘声，因为其他事情，陷入焦躁。

我真的没有为任何事情分心，我只是沉浸在自己的思想里，沉浸在自己的世界里。我没有和任何人庆祝，我没有和任何人交流，我觉得自己处于另一个时空。任何事情都和我不相干，我真的没有想过得分的事，我只是想让我们回到比赛中。在第三节我们落后了18分，我记得在那一节的最后我完成了抢断，我奋力让球留在了场内。在我完成扣篮后，我说："我们还在比赛中，我们能赢得这场比赛。"那是真正的转折点，那时我知道了，我们将赢下这场该死的比赛。

我在比赛中完成的那些投篮，和我每天在训练中完成的那些投篮是一模一样的。我的意思是，我每天要完成1000次投篮，每一天。是的，我完成了那些投篮，是的，我完成了那些急停跳投，每天我都要完成1000次这样的投篮。这可不是什么超凡脱俗的事，不是，这只是我应该做的事。

第四节开始时，我的眼睛被莫里斯·皮特森戳到了，却没有吹犯规，我因为抱怨还得到了技术犯规。我愤怒了。我觉得莫里斯是想做些事情来阻挡我，他想找到一种能阻挡我的方法，裁判没有保护我。所以对我而言，无论这真假与否都已经不重要了。这就是我当时的想法，我认为，为了阻挡我，莫里斯在试图做一些他必须做的事，当他不能用正常方式防守我时，他戳了我的眼，并试图以此让我失去节奏。但这么做除了激怒我外，不会有任何用处。在那之后，我真的，真的愤怒了。

在那场比赛的最后几分钟，那种感觉很诡异。场上的每个人都在看着你，就好像再没有其他人能在场上投篮了。如果谁投篮了就会被嘘。所以，当这种情况出现在一个球员身上时，感觉就会很诡异。我甚至已经记不得球场上那令人心情澎湃的感觉了，感觉上，他们是在见证历史性时刻。这太不可思议了。对一个球员而言，你能听到，能感觉到那股能量，而你要做的就是去驾驭它，而不要让自己失去自我，不要让自己去欣赏那样的时刻，因为你不想让自己失去节奏。

我真的不知道发生了什么，直到我离开球场，听到了那个数字。

我本应该得到90分甚至更多的，在连续命中62次罚球后，我错失了两个。我有一些空位投篮，那是真正的空位投篮，但我投失了。我本应该得到更多分数的，很多轻松得分的机会我都错失了。我认为，100分是可能的，我完全能够做到。如果我不是在上半场在场外坐了那6分钟，或许我就能做到。

名人堂问我要那场比赛的球衣和球鞋，我本想寄给他们，因为我说："这真是太酷了，一个还在打球的球员竟能入主名人堂。"但瓦妮莎却说："不，听着，我们得留着这套球衣。如果他们想要球鞋，你可以寄给他们，但球衣，哪也不能去。"所以，那套球衣被框起来挂在了我家的体育馆里。

对此，我一直不太理解，直到最近，当我和姐姐聊天时，她给出了答案。那是奶奶在现场看过我的第一场，也是唯一一场NBA比赛，那天还是我过世爷爷的生日。到现场看球会让奶奶不安，所以她不喜欢去现场。到现场看球对奶奶而言真的是太难了，但在娜塔利亚的生日派对后，她来到了现场。我不知道，是不是爷爷的在天之灵让那些球进入了篮筐，但这一切真的很有趣。在体育世界中，这样的事情似乎总是会发生，所以你必须这样想。当我还是孩子时，爷爷常常会将篮球寄到海外给我，他还常常将比赛录制成录像带寄给我。还有NBA的娱乐节目的录像带，他也会寄给我。所以，在他的生日这天发生这样的事，真的太酷了。

“

我在比赛中完成的那些投篮，和我每天在训练中完成的那些投篮是一模一样的。我的意思是，我每天要完成1000次投篮，每一天。是的，我完成了那些投篮，是的，我完成了那些急停跳投，每天我都要完成1000次这样的投篮。这可不是什么超凡脱俗的事，不是，这只是我应该做的事。

RAPTORS
5
LAKERS
54

“

我和 T-Mac 对决过，我打爆了他。甚至没有缠斗。问他吧，他会告诉你的。当时我大概 20 岁，我们在德国为另一家球鞋品牌做促销活动，那时，我们每天一起打球。我们整天待在球馆里。我们一共进行了三次 11 分制的一对一，我赢得了所有三场比赛。其中一场的比分是 11 比 2。三场比赛后，他说他背部痉挛，不能再继续了。

”

NBA
LAKERS
8

“

这是我完成过的最有趣的投篮，因为这是我们作为一个团队在享受这一刻。我打过很多季后赛，但我从未有过一场这样的比赛。我们被逼到墙角，几乎失去它，之后我们打了回来，赢得了胜利。今天，我们成熟了10到15年，在这场比赛中我们成长了很多。

他（贝尔）是无法阻挡我的，这点他是知道的，但他足以让这一切变得有趣起来。但他认识我么？我认识这个家伙么？我不认识这个家伙，我可能和他说过一句话，可我不认识这个孩子，我认为他有些反应过度了……我不认识这个孩子，我不需要去认识这个孩子，我也不想认识这个孩子。对一个孩子而言，或许他得到的拥抱有点少，我就是这样认为的，他有些缺乏安全感，或者其他什么。我不知道。

19

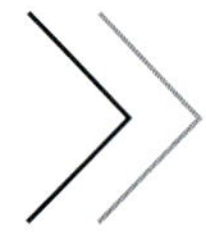

20世纪末，《回到未来》系列电影风靡全球，绝对称得上美国科幻电影史上里程碑式的电影。在《回到未来2》中，男主人公Marty McFly来到了未来的2015年10月21日，脚下穿着能自动系鞋带的Nike Air Mag，让人印象深刻。虽是电影道具，但是对于影迷来说，对于它的渴望随着2015年的接近愈发强烈。2008年正值Nike Air Mag诞生20周年，同年，Nike推出了革命性球鞋：Hyperdunk 2008。也许是Nike觉得欠大家一个交待，让这两双相差20年的球鞋联系到一起，Hyperdunk 2015由此诞生。

这样一双名字充满科幻味道的球鞋，足以让人们暂时满足，更何况科比还坐着Dr. Brown改装版DMC–12来助阵呢。

“

我养了4条狗，我从不会去处理狗便便。每当遇到此类事情时，我就会变成一个‘小公主’。

LAKERS
8

24

“

在职业生涯的这个阶段，我开始懂得，要在接下来的时间里享受每个时刻。我意识到，我的职业生涯逝去得如此之快，这让我对自己所获得的一切开始感恩。选择 24 号也是一个标志，说明我会珍惜每一天，走完剩下的职业生涯。

”

I don't know how to explain it, as a matter of fact. I think that's my fifth time in China. I knew I've been popular here since 1999, but this summer – I didn't know I was this big.

说真的，我不知道怎么去解释。那是我大概第五次去中国，我知道我从 1999 年开始就很受欢迎，但是我不知道会这么受欢迎！

“

非常非常棒的奥运会，我不知道如何才能更好地形容，因为我并没有参加很多届，可所有其他有过奥运经历的运动员都是这样告诉我的。我想说的是，北京奥运上的经历远比我期待的伟大得多。去之前，我不清楚奥运上会发生什么，我会有怎么样的经历，最终我的经历告诉我，那远远超过了想象。

”

“

很多人说 NBA 球星都很自私，但在这场比赛中，我们在逆境中展现了我们的团队精神，最终拿下了比赛。我们等这枚金牌已经太久了，今天终于等到了。

US
10

CALL
THE
SHOTS

“

这里就像是我的第二个家，很多年轻人都是我一年一年看着长大的。这10年间，中国热爱篮球的孩子们一直在成长，我能够看到他们的进步。感谢中国的球迷，无论我能够在赛场上再征战多久，当我走上球场的那一刻，我都会想起你们。

洛杉矶 III
LOS ANGELES
THIRD QUARTER

The challenge wasn't only to win one, it was to win multiple rings. To be able to sit at the same lunch table with my muses, Michael, Magic. I wanted to be able to sit down at the same table with them and belong there. And I'm very proud to be able to say I can do that.

挑战不只是赢一次，而是要赢得多枚戒指。我要能和我的缪斯们，和迈克尔、魔术师平起平坐。我想坐在那张桌子边，那里能有我的位置。现在我很自豪，因为我可以说我做到了这点。

LAKERS
24
LAKERS
Caution
Wet Floor

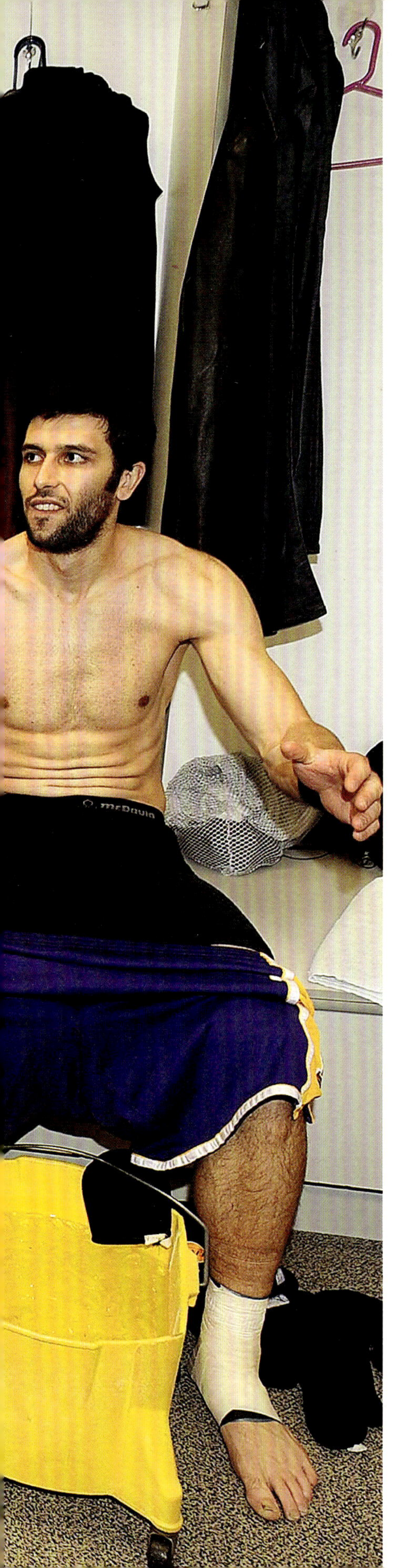

最重要的事是，你的队友们必须知道你在向他们靠拢，你是真的希望他们成功。

我还能像过去那样跳过两个或者三个人？不行了。我还能像过去那样快？不行了。但我一直拥有基础和智慧。是这些让我能一直是一位统治级球员。当我作为孩子成长时，我从未忽略那些阶段。我一直致力于基础训练，因为我知道运动天赋是短暂的。

LOS ANGELES
LAKERS
WORLD CHAMPIONS
1999
2000
NATIONAL BASKETBALL ASSOCIATION
LOS ANGELES
LAKERS
WORLD CHAMPIONS
2000
2001
WORTHY
42
HEARN
O'NEAL
34
LOS ANGELES
LAKERS

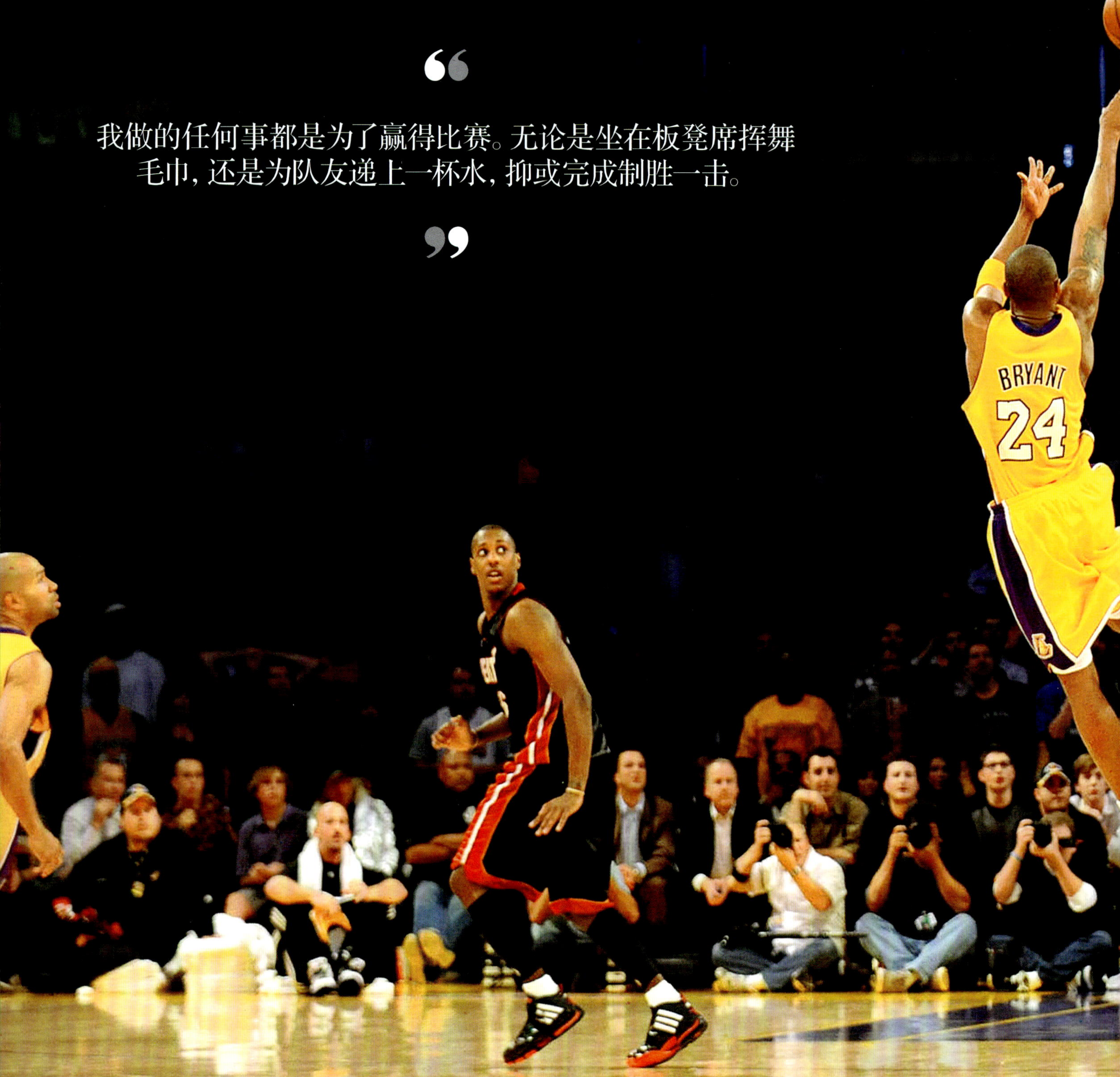

“我做的任何事都是为了赢得比赛。无论是坐在板凳席挥舞毛巾，还是为队友递上一杯水，抑或完成制胜一击。”

DAKTRONICS
0.4
TOYOTA
HEAT 3
SPALDING
NBA Cares
HEAT 40
HEAT 7
HEAT 5

“

想到它我就会起鸡皮疙瘩。这是一段很长的旅程，17 岁就来到这里，然后在接近 30 岁的时候站在这里。我是一个老人了，肌腱炎缠身。我经历了所有的战争。我非常骄傲能代表这支球队，代表这座城市。

”

“

这很恶心，但父亲告诉我，你嘴巴干时，你只需要吸你球衣上的汗水就可以了。这不是虚张声势，只是有些恶心的窍门。

”

24

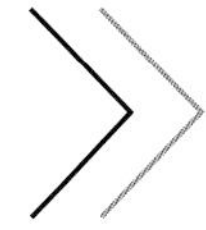

在科比·布莱恩特的心中，菲尔·杰克逊曾经是神一样存在。在“禅师”和湖人签约的新闻发布会前，他就迫不及待地跑到菲尔入住的酒店，让他在自己的那本《神圣的篮球》上签了名。

虽然当时的科比渴求知识，希望从篮球前辈那得到一切可以让他变得更强的建议，但与此同时，他也非常固执，很难被说服。即使在超级巨星当中，科比对自己能力的自信也是相当罕见的。这是他的优势，也是他的劣势。

年轻的他从不害怕失败，在他看来，所有的失败都是不重要的过程，他最终将走向命中注定的成功。这种无畏让他很难被接近，也很难被管束。而且，他成长在一个关系很紧密的家庭，是最被宠爱的小儿子，这让他只会关心自己小圈子里的人，然后将其他人拒之千里。18岁时，别人觉得他只是孩子，而21岁时，这就成了问题。

杰克逊执教过迈克尔·乔丹8年，那个同样固执的男人。但乔丹却是喜欢和队友、工作人员打成一片的人。杰克逊很快就看出了两人的区别。“科比是很高冷的人，他与众不同，会把自己孤立。”他在2000年赛季中期说，“我们有过很多次关于如何成为更好队友的谈话。我会跟他说：‘我猜，你以后也许会希望成为队长吧？也许在25岁？’他会回答我：‘我明天就想当队长。’我告诉他：‘那首先得有人愿意追随你才行。’还有一点，科比是那种球员，你在暂停时跟他布置战术，他会点头说‘好的，好的’，然后在场上继续固执己见，犯同样的错误。他是固执的人，不会轻易接受新的理念。只有在实践中遇到失败，他才会突然顿悟。”

科比觉得杰克逊的规则都是限制，他想要的是更多自由，而杰克逊则希望他更听话。更何况，杰克逊把更多的注意力都放在了沙克·奥尼尔身上，因为他觉得奥尼尔的性格需要更多呵护。科比有多次想和杰克逊进行深入交谈，但这始终没能发生。他觉得杰克逊更偏爱那个大个子，纵容他的懒惰，并对自己特别苛责。

“我知道自己当时是个很固执的小屁孩。”科比在多年之后回忆道，“我也知道，他对记者说那些关于我和沙克的话，都是为了刺激我们。既然我知道他的用意，我就会觉得，他这么做是在侮辱我的智商。而且他会把我私下对他说的话捅给媒体，这让我非常气愤。”

“我们教练组当时觉得菲尔的态度很可能让那个年轻人崩溃。”湖人当时的助教泰克斯·温特说，“很多人都承受不了那种公众场合的批评。但这个孩子却挺过来了，他只是安静地一直在变强。”

2001年3月，当杰克逊在接受媒体采访时表示，科比在高中时曾故意“放水”，只是为了最后时刻扮演救世主时，两人关系降到了冰点。尽管表面上科比什么话都没说，但在私下里，他非常生气和迷茫，甚至已经开始考虑换一支球队。他不得不从杰里·韦斯特那里寻求建议，以度过那段最艰难的时刻，也正是韦斯特说服科比，让他留了下来。但谁都知道杰克逊和韦斯特之间紧张的关系，他们当时已经难处一室。所以这把湖人分成了两个明显分据的势力，杰克逊和奥尼尔对抗巴斯博士、韦斯特和科比。即使在2001年冠军游行上，科比也是很挑衅地穿上了韦斯特的44号球衣。

在四大天王分崩离析的那一季，杰克逊想寻求续约，却被巴斯博士直接忽略，主动暂停了谈判，不得已，他只能选择离开。在《最后一季》中，他甚至用了“孺子不可教”来形容科比，让所有人都觉得是科比逼走了他。只有科比留在了湖人，他也成为了受指责最多的人。

但很快，在澳大利亚赋闲的杰克逊就开始寻找新工作了，他需要超级球星，还需要能打三角进攻的球员，这就让湖人又成为了他的选择之一。这回，轮到杰克逊想找科比谈心了，这回，轮到科比拒绝了。他的理由是，如果杰克逊最终没和湖人签约，他不想再次成为替罪羊。

有时，真的只有失去了才知道珍惜，失而复得的东西总会倍加珍惜。在第二次入主湖人的新闻发布会上，杰克逊把它形容成了一次“和解、救赎和重逢”之旅。这一次，“我的确能经常感受到科比对我的仇恨，但那都是以前的事了。这次，我给了他更多空间做自己的事情，只要他还在三角进攻的范围内，就没问题”，杰克逊在2014年时回忆说。

而这一次，他们之间没有了其他人的牵扯，科比也比上一次更成熟。他更能接受杰克逊的执教方式，不止一次地表示，禅师是NBA史上最伟大的教练。

“他会教球员变成思考者。”科比这么评价杰克逊，“他会教你一些关于比赛的细节、技巧，那些最微妙的东西。然后让你自己去分析赛场上的状况。并不是所有球员都能跟得上这种执教方式，但这也正是他的伟大之处。”

态度改变所带来的效果是显而易见的，在蛰伏7年后，科比再次举起了久违的总冠军奖杯。“我知道他有时候会给我很多压力，”科比说，“但我也知道他是想让我更高效，让我变得伟大。”

即使在第二次分别的几年后，科比还是对杰克逊依依不舍。“你知道我对他的感受。”科比说，“2011年的经历一直都在困扰我，因为我只能一条腿打球，没有能给他我的全部。他这样的教练不应该那么离开，但我那赛季膝盖实在不好，无法全力以赴，这让我至今都很难释怀。”

可惜的是，杰克逊没有像格雷格·波波维奇陪伴蒂姆·邓肯一样陪伴科比走完职业生涯。巴斯家族的权力斗争让湖人把帅位留给了迈克·布朗和迈克·丹特尼，事实证明，他们永远都不是菲尔。另外，还有一点也是肯定的，科比可以在没有奥尼尔的情况下赢得总冠军，但没有杰克逊却是万万不能的。

“

他会教球员变成思考者。他会教你一些关于比赛的细节、技巧，那些最微妙的东西。然后让你自己去分析赛场上的状况。并不是所有球员都能跟得上这种执教方式，但这也正是他的伟大之处。

2010

FISHER
LAKERS
24

“

当他接到那个球并且得分了之后，我跑回替补席说：‘耶！菲尔！我们有了一个能接球得分的大个子了！我们要打进总决赛了！’

“

首先，他也是训练狂，一直在球馆里练习，学习新东西。但我们是截然不同的，他外向，我却话很少。我是那种随着自己的意愿，不在乎你想法的球员。关键时候，我只要感觉好，不管机会是不是最好，我都会投篮。但他是那种更会考虑全局的人。我不能说哪种更好，我只知道，我们是不同类型的球员。

“

圣诞节的早晨，我会和孩子们一起拆礼物，当她们拆开礼物时，我会为她们拍照。在那之后，我会去到斯台普斯中心，然后准备开始工作。

JACK LINK'S
at&t
McDonald's
THE HOME DEPOT
WACHOVIA
STAPLES
L.A. LAKERS
L.A. LAKERS

LOS ANGELES
LAKERS
The
LOS ANGELES
LAKERS
LAKERS

LOS ANGELES
LAKERS
LOS ANGELES
LAKERS
adidas
NBA

STAPLES
BULLS
24
22
NBA.COM

“

我从8岁的时候开始就投得太多了。但是太多了只是个人观点而已。有些人觉得莫扎特在编曲里音符太多了。让我这么说，我觉得说我投篮多的人很有趣，我觉得很有意思。回到莫扎特，他对批评者的回应是，他的音符不多也不少，音符的个数和所需的一样多。

LAKERS

“

我的注意力都在一件事上，仅有的一件事：尽我所能，赢得尽可能多的冠军。

”

BRYANT

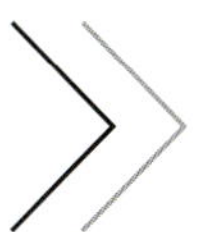

3双代表作、5双签名鞋，科比高光时刻的球鞋永远是Sneakerheads所青睐的，科比在adidas的陪伴下拿下三连冠，成就紫金王朝。若不是科比的固执，或许属于adidas的科比球鞋已出到17代甚至更多。

2001年，科比与adidas解约，因为adidas球鞋合同的缘故，科比在解约后的一年里无法在赛场上连续3场穿同一品牌球鞋。科比在2002-2003赛季进入球鞋的混乱时期，他开始穿着各种品牌的球鞋出现在赛场，Converse、AND1、Reebok、Nike、Air Jordan球鞋悉数上脚。这也成为现在Sneakerheads嘴边的趣事，也成为球迷购买这些球鞋复刻版本的动力和商家用来炒作的噱头。

2003年6月，科比和耐克签下一纸5年4500万美元的代言合同。鹰县事件让科比笼罩在了阴霾之下，但Nike成为了科比身边唯一的坚守者。Air Zoom Huarache 2K4和2K5的成功让科比的第一双签名鞋Zoom Kobe 1于2005年横空出世。这个赛季的科比场均得到35.4分，拿到得分王，并完成了81分神迹。

从Zoom Kobe 1到Kobe 11，每一代科比球鞋的推出都掀起了Sneaker界的巨浪，也许若干年后，鞋架上的科比复刻球鞋也会像当下的Air Jordan球鞋一样让人疯狂。

“

魔术师有5枚戒指。我有5枚戒指。
我非常确定，我们都知道自己在干
什么。

Experian
LOS ANGELES
LAKERS

波士顿 BOSTON

TIME OUT

The proposition of losing to these guys in the Finals again and knowing what that means as a Lakers fan . . . having watched Jerry West lose to the Celtics over and over again, the duel between Magic and Bird, and now I'm a part of this incredible rivalry and what's going to be said about us, this team, is that we lost to the Celtics twice? I don't think so.

想到再次在总决赛输给这些人，知道这对湖人球迷意味着什么……见证过杰里·韦斯特一次次输给凯尔特人，看到魔术师和伯德的对决。现在我也成了这个伟大对决的一部分。难道人们在谈到我们的时候说我们输给凯尔特人两次？我绝不会让它发生。

BOSTON

“

我看着（那套装备），心想：我真的要穿这个吗？我穿自己的东西就可以了啊。但我很快就不再去想这些，因为我很快就要成为职业球员。而且我知道这支球队的历史，他们完成了很多伟大的事情，所以我很快就不再想装备的问题了。我尊重这支球队和它的历史，所以我在试训中尽了最大的努力，我真的希望打动他们。如果他们决定选我，我就会用他们应得的方式担起这支球队的重担。

我认为我当时正在弄清楚我想怎么去领导球队。这对我来说是全新的角色。我必须在和沙克搭档的时代之后，戴上一顶新的帽子。你得找到新的平衡。当沙克在这里的时候，他是那种很随和的人，我就像是模仿大师一样。而到了2008年，我似乎在另一个极端走得太远了。我们最终心理上不够坚强，不够好斗，没能掀翻凯尔特人。

LAKERS
43
CELTICS
5

“

所有负面的东西——压力，挑战——
对我而言都是提升的机会。

LAKERS
24
CELTICS

“

我记得，当我们第一次输了后，他们播了那首Journey乐队的Don't Stop Believin'，整个球馆都在唱，然后我恨了这首歌两年，但我每天都会听那首歌，它让我想起那种感觉。2010年再次相逢，我们完成了救赎，我当时在板凳上对慈世平说：你知道吗，我们真的很开心我们赢下了总决赛，因为不然我坐在这里就会像要死了一样。这么跟你说吧，如果我们丢掉了那个冠军，我会很痛苦，我绝对会很痛苦。

LAKERS
24
5
THE BICYCLE CASINO
THE BICYCLE CASINO

GARNETT
5
LAKERS
24

我不常说垃圾话，但当我说了，我就会犀利无比。

洛杉矶 IV
LOS ANGELES
FOURTH QUARTER

Friends can come and go, but banners hang forever.

朋友来来往往，冠军旗帜永恒。

“

21 岁和 33 岁的不同在于，21 岁时，
你会想到无限的机会。33 岁时，结
束已经非常非常近了。

”

LAKERS
24

adidas
KIA
WEST
3
SPALDING
ALL-STAR
OFFICIAL GAME BALL
@NBA
adidas
KIA
WEST
24

“

我当时正在训练，他（保罗）打电话给我说：‘交易成了，我来了。’当时，我心中的情绪很复杂，因为我们必须得放弃非常亲密的队友，这让人伤感。然后大概30分钟后，他再次打来电话：‘伙计，你不会相信刚才发生了什么！他们终止了交易。这真是狗屁！’当克里斯·保罗来时，其他老板不乐意了，因为你不希望有一个伟大的球员来到湖人。突然之间，湖人又有了一个在我退役后能继续扛起球队大旗的球星。

所以，交易被终止显然是因为老板之间的不合。

领导力是很恼人的话题。很多领导者失败了，这是因为他们没有勇气去触碰神经，引起共鸣。在我的生涯中，我从未害怕过这个。

”

HOWARD
BRYANT
24

“记住这一切。退一步看到、听到所有扔
向我们的仇恨，记住每个在你低落时
还落井下石的人。感谢他们的仇恨，接
受它，因为复仇很快就会来，它很甜蜜。”

SPALDING
BROOKLYN
8

“

我不会9投0中，我会30投0中。9中0意味着你打败了自己，你已经不在比赛当中……那种情况的唯一原因是你不再相信自己。

GAME STATS
LAKERS
LAKERS
LAKERS
15
26
BRYANT
24

“

我记得那种寂静，我记得感到的那种恐惧。我想，可能一切都结束了。那就是寂静的原因，我当时心想，一切可能真的结束了。当我现在坐在这里，脱下鞋子，看着我的伤疤，我看到了它的美。我看到所有的努力，所有的牺牲。我看到了重回健康的这段历程。而我也看到了挣扎中的美。它让这段经历变得很美丽。

LAKERS

“

我不想成为下一个迈克尔·乔丹，我只想成为科比·布莱恩特。

JORDAN
23
LAKERS
8

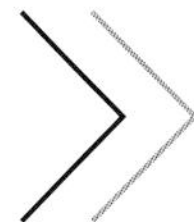

安德鲁·威金斯知道他那天晚上的防守任务：“我不想让他得到9分。”

那个“他”是科比·布莱恩特，那9分会让他超越迈克尔·乔丹，排到NBA历史得分榜第三位。

科比这天的手感并不好，直到第二节，他重新上场时，只得到4分，离超越乔丹还差5分。很快他就投进了三分，然后在下个回合中，他投出了一个后仰跳投。

这是绝大多数人想象中科比超越乔丹的方式：用他标志性的后仰。事实上，主教练拜伦·斯科特在赛前就预测他会这样破纪录。这是科比最擅长的，也是乔丹最擅长的。

20年前，科比向乔丹请教怎么才能正确使用这项技术时，乔丹没有吝啬，告诉他秘诀就是用腿去感知防守者，那会让你知道自己有多少空间，够不够把球投出。

很快，在经过训练馆无数次的练习后，科比成了那个动作的大师。那成了他的武器，就像天钩之于卡里姆·贾巴尔一样。在那之后，他投进了很多这样的球，但每球似乎都有着乔丹的阴影。也正是这样，用后仰超越乔丹似乎正合适，甚至有些史书般的感觉。

所以，当球离开科比指尖，整个球馆的球迷站了起来，屏住了呼吸。整个过程就像是慢动作一样。但球弹筐而出，整个球馆失望地叹了口气。

在湖人抢断后，科比在右侧拿球，对位自诩为“超级科蜜”的扎克·拉文。队友们全部拉开，只剩下两人对决，科比用了一个试探步，紧接投篮假动作，然后用力沿着底线运球前进，强打拉文。他跳到空中投篮，造成了犯规。

不管在那之前，科比对于超越乔丹这个事实是多么低调，他甚至说对此“完全没有”思考过，但当他站在那里时，他知道，就差两分。

“是的，我能算出来。”科比赛后笑着说。

科比走向罚球线，所有摄像头对准了他，他知道这意味着什么。“你站在那，球迷们都在等着你得9分，所以别弄砸了，毁了这个瞬间！”科比说。

NBA
NBA
23
ALL-STAR

NBA
8
ALL-STAR

裁判把球扔了过来，科比低头运了两下，然后抬起头，把精力集中到篮筐上。

赛前在更衣室里，湖人的球员开玩笑说，谁会是给科比助攻，让他超越乔丹的人。但这时，没有助攻，没有美如画的动作，让人感觉有点扫兴。

但在1996年，科比就是用一个罚球在麦迪逊广场花园得到了职业生涯的第一分，而现在，他指望着用它们书写历史。这看上去也没什么不合适。

第一罚，唰，他平了偶像的得分。第二罚，没有任何不同，创造历史。

比赛为之暂停，科比从森林狼老板格伦·泰勒手中接过了比赛用球，Twitter上一片祝贺，就连迈克尔·乔丹也说："看到他的球技在这些年不断进步，我很欣慰，我很期待他接下来的成就。"

事实上，科比的每一块里程碑都会照出乔丹的影子。这点从科比的第二个赛季就奠定了基调。1997年12月17日，这是科比第一次在和乔丹的对决中获得了充分的出场时间。在那场20分的大败中，科比得到了职业生涯最高的33分，但也让乔丹在自己身上拿下了36分。

"当我有机会防守迈克尔时，我就想防乔丹，我想防他，这是终极挑战。"科比回忆道，"很多人都看过他的精华镜头，看过他的扣篮，但我看到的比这更多。我看到的是他到达这个高度的诀窍，看到他怎么运用脚步，怎么制造空间，怎么利用挡拆。这是我看到的，也是我和同龄人不同的地方，他们看到的是精彩镜头，我看到的是他怎么获得那些精彩镜头。"

这场比赛也激发了球迷对科比的兴趣，数以十万计的球迷在全明星投票截止日前疯狂刷票，史无前例地将湖人的小替补选为全明星，让他成为史上最年轻的全明星首发。科比也很乐意满足球迷的愿望，在场上寻找机会和乔丹对位，最终他拿下了18分。

但西部主帅乔治·卡尔对此显然没有这种热情，在第四节把科比按在了板凳上。最终，乔丹用一记闭眼罚球结束了自己作为公牛球员的全明星之旅，并抱回了MVP奖杯。

时光荏苒，在那之后，科比联手奥尼尔完成了

JORDAN
23
LAKERS
8

三连冠，正在向第四冠冲击。然后，两人迎来了全明星的最后一次相遇。和以往的每一次一样，他们还是垃圾话不断。终场时，乔丹把NBA的火炬传了下来：比赛进入读秒，迈克尔又用一个弧度超完美的后仰跳投，越过肖恩·马里昂伸展的手臂，把球投进篮筐。这几乎成了绝杀。全明星MVP可能会是乔丹职业生涯最完美的句号。但科比站了出来。先是裁判吹罚了一个很牵强的犯规，然后科比穿着一双乔丹鞋，在所有人的注视下两罚一中，将比赛拖入加时。

加时赛，乔丹没有出战，最终西部战胜东部，MVP奖杯落到了凯文·加内特手中。有人说科比毁掉了乔丹的最后一届全明星，但"对一个对手最大的尊重就是在球场上全力以赴"，科比用这样的方式送别乔丹，也算命中注定。

科比和乔丹最大的不同就是，乔丹是万众敬仰的篮球之神，而科比在职业生涯的大多数时间里，却被很多人憎恨。其中很大一部分原因是在他和乔丹的那最后一次全明星对决后，他和奥尼尔、杰克逊分崩离析，在鹰县陷入麻烦。人们说他自私、自负。

但当他用杰克逊口中“更胜乔丹的训练态度”创下个人得分纪录，并且带领着湖人重回巅峰后，在他自己的最后一届全明星赛当中，他也成为了那个备受敬仰的人。

“我习惯被当成坏蛋了，所以能拥有这样的瞬间……”科比说，“当你没有期待得到拥抱时得到拥抱，你的感觉是：‘这种感觉相当不错。’”

尽管科比一次次表示他不愿意和乔丹进行比较，但在两人的对话中，他依然时不时表现出自己和乔丹一样的好胜心。在全明星周末的扣篮大赛前，他和乔丹、“J博士”一起在看年轻人热身，球馆的大屏幕上开始播放一个关于科比的纪录片。“J博士”看到科比81分那场比赛的镜头时感叹：“你是怎么做到的？”乔丹也说：“那真的很不容易。”科比半开玩笑地对乔丹说：“还记得我和你的最后一场比赛吗？那场球我半场就得了42分。”

目光回到那场湖人和森林狼的比赛，科比也意识到他超越乔丹的这一纪录意味着什么。

“现在，我更感谢这项运动了，因为它拥有那种结局感。”科比说，“当这种瞬间到来时，你真的会非常开心。但与此同时，你也知道结尾真的近了，这也没什么不好。”

对上威金斯，让科比感觉就像是自己曾经对上乔丹一样。“这是一个很奇怪的感觉，因为我还记得自己是威金斯时的样子。”科比说，“我记得第一年和迈克尔同场竞技。今天能在这里和他对位，看到他孩子般的面庞、像模像样的脚步和小技巧，知道随着时间的推移，这些技术都会变得炉火纯青。这就像是看着19岁的我一样。这非常酷。”

20年前，稚嫩的科比初进联盟，心中满是从乔丹那里学到一切的渴望。

13年前，正当年的科比用自己的方式，接过了乔丹手中的火炬。

现在，轮到他将篮球火炬传给下一代了。

看上去他一直都在乔丹的阴影下，但科比却在不知不觉中用自己的方式成为了大师。篮球史上会留下他的名字：独一无二的科比·布莱恩特。

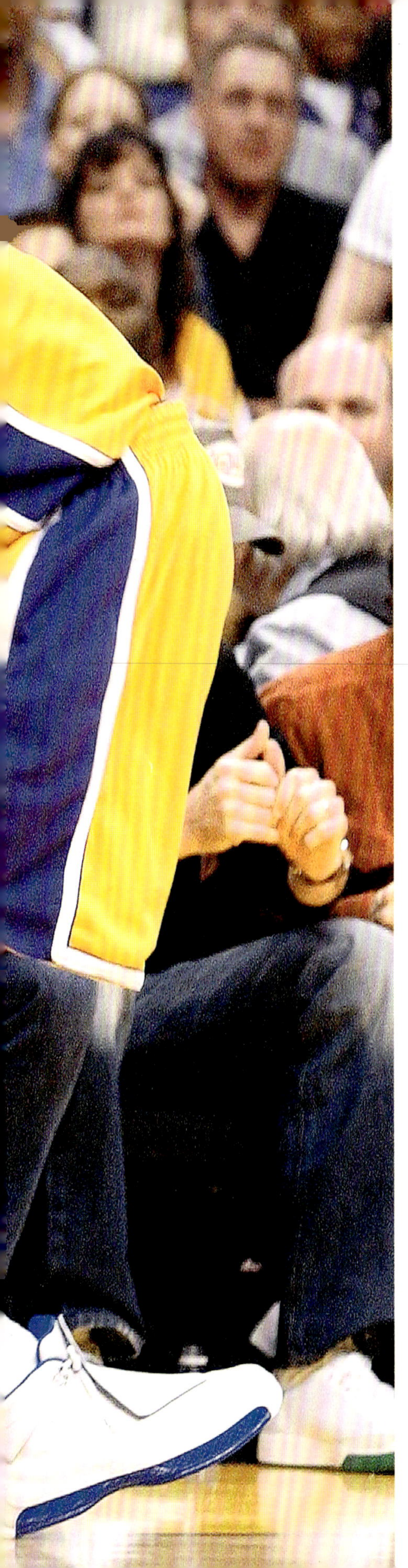

“

我有机会防守迈克尔时，我就想防乔丹，我想防他，这是终极挑战。很多人都看过他的精华镜头，看过他的扣篮，但我看到的比这更多。我看到的是他到达这个高度的诀窍，看到他怎么运用脚步，怎么制造空间，怎么利用挡拆。这是我看到的，也是我和同龄人不同的地方，他们看到的是精彩镜头，我看到的是他怎么获得那些精彩镜头。

”

LOS ANGELES
adidas

2016年4月13日,阿蒂巴·杰斐逊陪伴科比完成了曼巴的最后一战。

KOBE

STAPLES Center
AMERICAN EXPRESS
AMERICAN EXPRESS
KOBE

KOBE

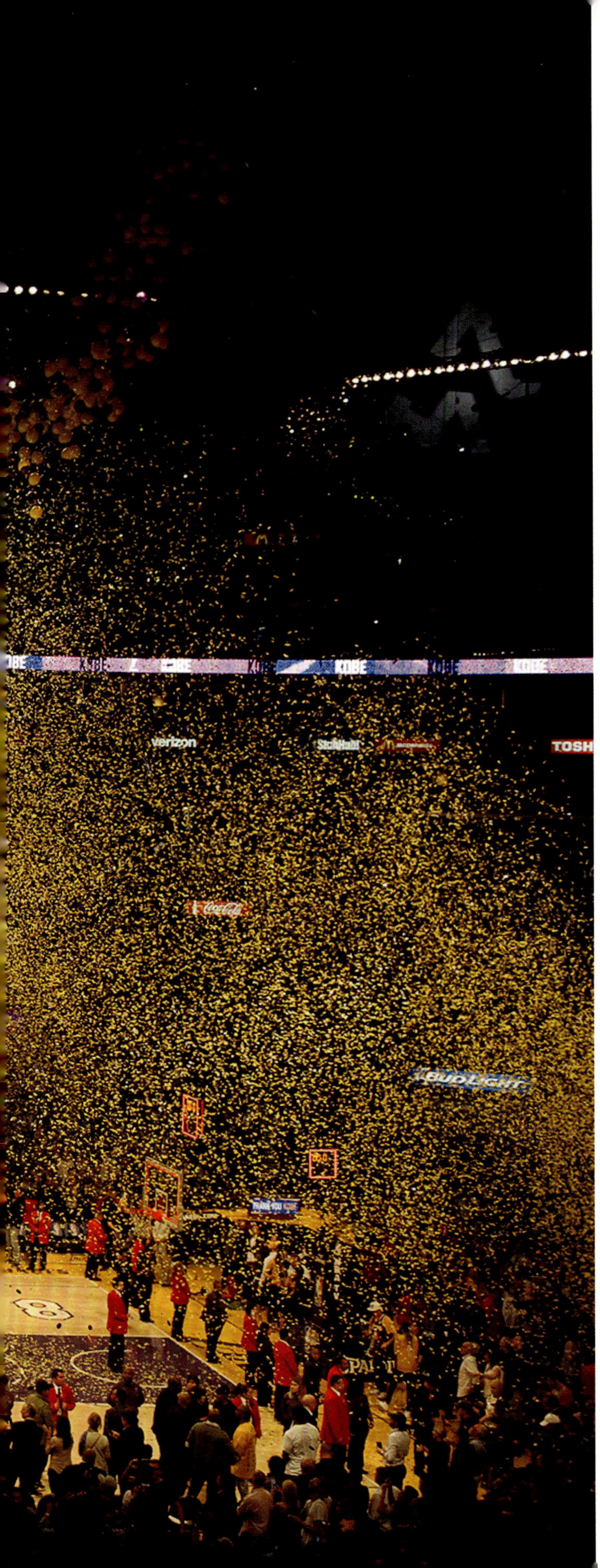

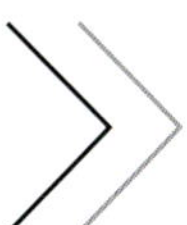

午夜已过，科比·布莱恩特却不想离开斯台普斯中心。快点，再来张照片，赶紧凑在一起，现在，笑。妻子与女儿们都陪伴着他，这里充斥着彩带与紫金色的气球。大家凑得更近了，闪光灯闪烁。很快，科比的眼睛又开始搜寻，他在找寻那些想加入他们一起拍照的家伙。

突然，人都散开了，科比发现自己站在了中圈。他弯下腰，将胳膊举过头顶，然后向下拍了拍地板上的湖人队标。

“上帝，”科比说这句话时，新的一天已经开始，作为最引人注目的一代篮球偶像，他把自己职业生涯的谢幕战变成了壮丽且魔性十足的夜晚。

所有的一切都是为了这场告别仪式，而科比仍在试图弄明白，如何才能将这精心设计的好莱坞式派对变成卓绝的表演。科比用自己的方式告别了湖人，告别了NBA，他在爵士身上狂砍60分，并完成了篮球世界中的不可能任务：他让勇士创造的73胜常规赛纪录黯然失色。

和比赛一起结束的是科比的职业生涯。他拿着话筒，说了很多发自肺腑的感谢，但大多数人记住的还是那句结束语："曼巴走了。"

是的，科比必须用50次投篮得到60分。似乎没人在乎这个。是的，他筋疲力尽，呼吸困难，队友都在想，他是否还能继续，是否还要一次次给他传球，一次次突破瓶颈可能会让他在第四节前就能量耗尽。但是，他在第四节变得更强了。他完成了一些伟大的投篮，包括用两记不可思议的三分球完成了一场不可思议的胜利。

一小时后，科比和经纪人罗布·佩林卡一起站在了场上，他和后者谈论的正是最后30秒那记锁定胜局的三分球。"不是腿，罗布，（腿已经）荡然无存，我是在靠手臂投篮。"科比说。

或许，这正是这晚最奇妙的部分：曼巴传奇续写了。科比设定了故事，并在最后一战中完成了绝杀。20个赛季，科比完成了他都不曾想象的成就。更重要的是，他想从告别战中解脱，他不想让沙克·奥尼尔、"魔术师"约翰逊、埃尔金·贝勒、坐满斯台普斯中心的球迷，以及全世界数以百万计正在看着他的球迷，看到他蹒跚而行样子。

当科比碰上麻烦时，他都会用自己的方式解决。这是这个赛季，也是最近这些年的主题。这段时间对科比而言，“容易”这个词是不存在的。“很多次，当我想突破时，我的腿就像在说：‘什么，你疯了？’但我就是要投篮，就是要命中。感谢上帝。”

科比并没有追寻永恒的表现，但历史和他宛如磁铁，他们彼此找到了对方。开赛前，“魔术师”发表了一段演讲，将科比称作最伟大的湖人球员。

“我拒绝认同，因为‘魔术师’是我的英雄，”科比说：“‘魔术师’（的海报）贴满了我（儿时卧室）的墙壁，我过去常常穿着很大的护膝，因为‘魔术师’总穿着大大的护膝。”

“魔术师”是最伟大的湖人球员，但科比能和卡里姆·贾巴尔为第二伟大的称号而战。现在，科比也成为了湖人历史的一部分，他不再是湖人的一员了，直到他能在这里获得新身份。拜伦·斯科特在完成历史性的糟糕赛季后，已经被湖人解职，而根据联盟透露给The Vertical的消息，下赛季，科比十分有可能会回到湖人，因为湖人内部在更换教练人选上存在很大分歧。

科比正在开启新的生涯，他承诺，球员生涯结束的第二天他就会去自己的办公室开始新人生。而他的队友，在科比最后一战前夕，他们冲进了湖人用品商店，大肆采供球服，并让科比签上自己的名字。人们也想留下一些他的痕迹：照片、纪念品。对于签名要求，科比一一满足，而这也占据了他的精力和时间。

但工作还得继续，是的，科比一直在想的便是工作，比赛开始时，他头顶的屏幕上一直在播放向他致敬的短片，有杰克·尼克尔森、保罗·加索尔、凯文·加内特等等。他偷瞄了一眼，捕捉了些许片段，但他一直在提醒自己，以后怀旧的时间多得是。接下来谁会防守我？他们会对我采取怎样的防守？想到这里 ，他的注意力又回到了比赛。

但科比很快就发现，他还在想着其他事情：他的女儿们就坐在场边。她们已经记不得自己是如何统治NBA的了。“她们现在所看的就是我过去的比赛方式。”科比说。是的，她们看到了恶人成为英雄，英雄又变成恶人的全过程。午夜过后，她们在球场中央用紫金色的气球当足球玩着。而老家伙则不停地在拍照，不停地说再见。

这成为了事实，科比拥有了他的德里克·杰特时刻。五次总冠军，在洋基体育场比赛的最后时刻，他掷出了高难度的全垒打，完成了制胜一击。杰特的退役与科比的谢幕非常相似：在各自的联盟中拥有贯穿整个赛季的谢幕巡游，以及根深蒂固的恐慌。我还能再次雄起吗？我能有戏剧性的表现吗？我能让她们记住我的比赛，我的表现，而不仅仅是退役？

“你为自己的传奇画上了圆满的句号，不是吗？”对于这样的祝贺，科比很严肃地骂了一句，然后说道：“告诉我，今晚都发生了些什么？”

今晚，科比再次成为了布莱恩特。是的，曼巴走了。再见，永远的24号。

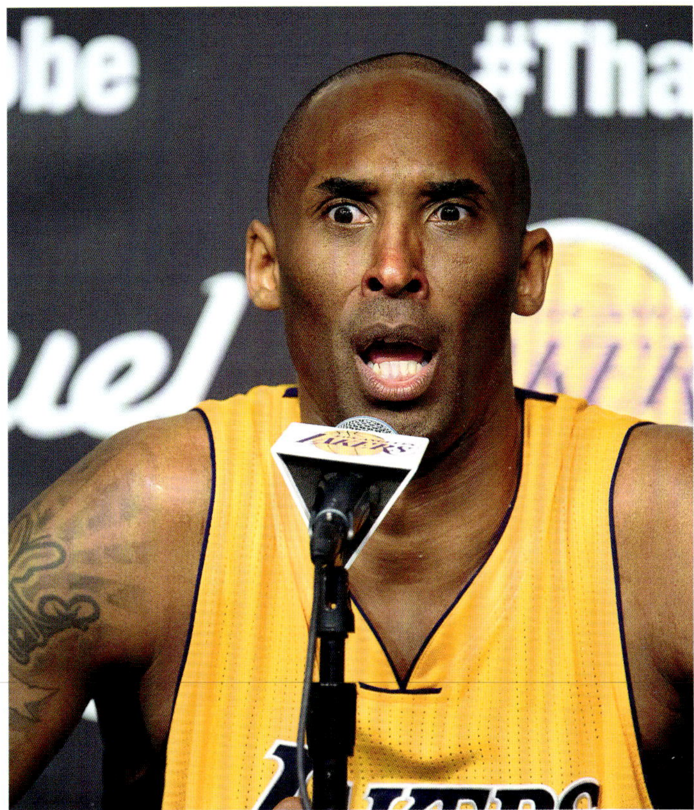

“

很难想象会这样发生，我都为此感到震惊。完美的结局感觉上和获得冠军如出一辙。今晚，我拼尽了全力，将我所拥有的一切都投入到了比赛中。最后一战能这样（用创个人历史纪录的 50 次出手得到 60 分），感觉好极了。

“

你们想让我去拥有一支球队，然后和那些富有的、固执的、被宠坏的运动员打交道，并试图让他们去努力比赛？不，谢谢。

“

体育是伟大的老师，我会思考教会我的每件事：
友情，谦卑，如何解决分歧。

BLACK MAMBA
BACK 2
BLING LA
ELITE
COMPETITION

BACK 2
BLING LA

对西部球队常规赛最高得分

2000–2001 **51** 2000.12.06 勇士 @湖人 122: 125 勇士 OT 2002–2003 **44** 2003.02.14 马
62 2005.12.20 小牛 湖人 112: 90 小牛 2005–2006 **50** 2006.01.07 快船 @湖人 112:109 快船
湖人 96: 107 太阳 2006–2007 **53** 2006.12.15 火箭 湖人 112: 101 火箭 2OT 2006–2007 **65**
林狼 2006–2007 **60** 2007.03.22 灰熊 @湖人 121: 119 灰熊 2006–2007 **50** 2007.03.23
50 2007.04.15 超音速 湖人 109: 98 超音速

常规赛对球队场均最高得分

①	②	③	④	⑤
27.3	**27.0**	**27.0**	**26.9**	**26.9**
波特兰开拓者	多伦多猛龙	金州勇士	新奥尔良鹈鹕	纽约尼克斯

常规赛数据统计纪录

81	**2**	**35.4**	**8**	**28**	**23**
单场得分纪录 2006.01.22	得分王 2005–2006 2006–2007	最高场均得分 2005–2006	超 2000 分赛季 2001–2002, 2002–2003, 2005–2006, 2006–2007, 2007–2008, 2008–2009, 2010–2011, 2012–2003	单场投篮命中数纪录 2006.01.22	单场罚球命中数纪录 2001.01.29

19 连胜，2000.02.04 至 2000.03.13
球队最长连胜期间数据统计

717	**312**	**159**	**.509**	**46**	**17**	**.369**
时间	投篮数	命中数	命中率 %	三分出手数	三分命中数	三分命中率 %

对东部球队常规赛最高得分

2000–2001 **47** 2001.01.30 骑士@湖人 102: 96 骑士 2002–03 **55** 2003.03.28 奇才 湖人 108:
热火 湖人 102: 104 热火 OT 2005–2006 **43** 2005.11.20 公牛 湖人 93: 96 公牛 2005–
119: 93 76 人 2005–2006 **45** 2006.01.09 步行者 湖人 96: 90 步行者 2005–2006 **81**
2005–2006 **43** 2006.03.20 凯尔特人 @湖人 105: 97 凯尔特人 2005–2006 **43** 2006.03.24 雄
2009 **61** 2009.02.02 尼克斯 @湖人 126: 117 尼克斯 2009–2010 **41** 2009.11.01 老鹰 湖人

刺 湖人 95：103 马刺　2002–2003 **51** 2003.02.12 掘金 @湖人 113：102 掘金　2005–2006
2005–2006 **51** 2006.01.19 国王 @湖人 109：118 国王 OT　2005–2006 **51** 2006.04.07 太阳 @
2007.03.16 开拓者 湖人 116:111 开拓者 OT　2006–2007 **50** 2007.03.18 森林狼 湖人 109：102 森
黄蜂 @湖人 111：105 黄蜂　2015–2016 **60** 2016.04.13 爵士 湖人 101：96 爵士　2006–2007

对西部球队常规赛最高得分

常规赛对球队场均最高得分

⑥	⑦	⑧	⑨	⑩
26.5	**26.5**	**26.1**	**25.8**	**25.6**
休斯敦火箭	萨克拉门托国王	菲尼克斯太阳	华盛顿奇才	犹他爵士

常规赛数据统计纪录

12	**16**	**17**	**7**	**5**	**21**
单场三分命中数纪录 2003.01.06	单场篮板纪录 2010.01.24	单场助攻纪录 2015.01.15	单场抢断纪录 2006.02.12	单场盖帽纪录 2000.02.20	生涯“三双”总数

19连胜：2000.02.01至2000.03.13 球队最长连胜期间数据统计

120	**97**	**.808**	**5.4**	**5.5**	**1.5**	**22.7**
罚球出手数	罚球命中数	罚球命中率 %	场均篮板	场均助攻	场均抢断	场均得分

94 奇才　2004–2005 **41** 2004.11.12 魔术 @湖人 113：122 魔术　2004–2005 **42** 2004.12.25
2006 **46** 2005.11.27 篮网 湖人 96：102 篮网 1OT　2005–2006 **48** 2006.01.06 76人 湖人
2006.01.22 猛龙 湖人 122：104 猛龙　2005–2006 **40** 2006.03.04 活塞 湖人 105：94 活塞
鹿 湖人 101：96 雄鹿　2006–2007 **58** 2006.12.29 山猫 @湖人 124：133 山猫 3OT　2008–
118：110 老鹰　注：@为客场

对东部球队常规赛最高得分

图文索引》

目录

Atiba Jefferson 拍摄。

费城

0/1 图片：Martin Schoeller 拍摄；引语：2012.02，接受 ESPN 采访时。
2/3 图片：2015.12.01，费城，Mitchell Leff 拍摄。
6/7 图片：1970，费城；引语：摘自 Mark Heisler 的《Madmen' s Ball》。
8 Al Tielemans 拍摄。
13 Al Tielemans 拍摄。
14/15 图片：1996，费城；引语：摘自 Mark Heisler 的《Madmen' s Ball》。
16/17 图片：左，Al Tielemans 拍摄。右，1996，费城；引语：摘自科比纪录片《MUSE》。
18/19 图片：2002.02.10，费城，Nathaniel S. Butler 拍摄；引语：2002.02.10，接受 NBC 采访时。
20/21 图片：2002.01.26，阿德莫尔，Ray Amati 拍摄；引语：2010.02，接受《GQ》采访时。

洛杉矶 I

22/23 引语：2013.01，接受 ESPN 采访时。
24/25 图片：Walter Iooss Jr 拍摄。
26/27 图片：Walter Iooss Jr 拍摄。
28/29 图片：1997.07.12，英格伍德，Juan Ocampo 拍摄；引语：2016.02，接受《今日美国》采访时。
30/31 图片：Nathaniel S. Butler 拍摄。
32/33 图片：1997.02.08，克利夫兰，Andrew D. Bernstein 拍摄；引语：摘自 Mark Heisler 的《Madmen' s Ball》。
34/35 图片：1998.02.08，纽约，Andrew D. Bernstein拍摄；引语：摘自Mark Heisler的《Madmen' s Ball》。
36/37 图片：左，1999.12.03，洛杉矶，Jonathan Ferrey 拍摄。右，1998.05.24，英格伍德，Jed Jacobsohn 拍摄；引语：2013.10，接受《体育画报》采访时。
38/39 图片：2001，洛杉矶，Robert Mora 拍摄；引语：2013.10，接受《体育画报》采访时。
40/41 图片：2000.06.09，洛杉矶，Andrew D. Bernstein 拍摄；引语：2013.02，接受《洛杉矶时报》采访时。
42/43 图片：左，2002，新泽西，Jesse D. Garrabrant 拍摄。右，2001，洛杉矶，Andrew D. Bernstein 拍摄；引语：摘自 Roland Lazenby 的《The Show》。
44/45 图片：左，2001.06.06，洛杉矶，Andrew D. Bernstein 拍摄。右，2001，洛杉矶，Andrew D. Bernstein 拍摄；引语：摘自科比 Twitter。
46/47 图片：左，1998.02.08，纽约。右，2004.05.02，圣安东尼奥，Stephen Dunn 拍摄；引语：2014.06，接受 ESPN 采访时。
48/49 图片：Atiba Jefferson 拍摄；引语：摘自 Roland Lazenby 的《The Show》。
50/51 图片：2000.06.19，洛杉矶，Jed Jacobsohn 拍摄；引语：2013.08，接受 ESPN 采访时。
52/53 图片：左，2008.03.29，洛杉矶，Andrew D. Bernstein 拍摄；右，2010.06.22，阿纳海姆。
54/55 图片： 2000.07.23，西好莱坞，Steve W. Grayson 拍摄；引语：2010.05，接受《今日美国》采访时。

萨克拉门托

56/57 图片：Atiba Jefferson 拍摄；引语：接受美联社采访时。
58/59 图片：Jon SooHoo 拍摄；引语：2010.02，接受《洛杉矶时报》采访时。
60/61 图片：2004.03.28，洛杉矶，Andrew D. Bernstein 拍摄。
62/63 图片：左，2000，萨克拉门托，Andrew D. Bernstein 拍摄。右，2004.12.16，萨克拉门托，Jed Jacobsohn 拍摄。
64/65 图片：2003.04.10，洛杉矶，Andrew D. Bernstein 拍摄。

洛杉矶 II

66/67 图片：Atiba Jefferson 拍摄；引语：2012.10，接受《今日美国》采访时。
68/69 图片：Clay Patrick McBride 拍摄；引语：2014.03，接受《纽约客》采访。
70/71 图片：2004.12.16，萨克拉门托，Jed Jacobsohn 拍摄；引语：2012.05，摘自 Bryant T. Jordan 的《Saving the Lakers》。
72/73 图片：Walter Iooss 拍摄；引言：2012.11，接受《今日美国》采访时。
78/79 2003.10.23，阿纳海姆，Allen J. Schaben 拍摄。
80/81 图片：2006.10.30，好莱坞，Kevin Reece 拍摄；引语：2013.02，接受雅虎体育采访时。
82/83 左，2008.06.10，洛杉矶，Lisa Blumenfeld 拍摄。右，2004.11.12，奥兰多，Fernando Medina 拍摄。
84/85 图片：来自 Nike；引语：2016.01 接受 ESPN 采访时。
86/87 图片：2006.01.22，洛杉矶，Jeffrey Bottari 拍摄；引语：2016.01 接受 ESPN 采访时。
88/89 2016.01 接受 ESPN 采访时。
90/91 图片：2006.01.22，洛杉矶，Noah Graham 拍摄；引语：2016.01 接受 ESPN 采访时。
92/93 图片：2005.01.07，洛杉矶，Noah Graham 拍摄；引语：2013.01 接受 ESPN 采访时。
94/95 图片：左，2006.04.30，洛杉矶，Noah Graham 拍摄。右，2006.04.30，洛杉矶，John W. McDonough 拍摄；引语：2006.05，接受美联社采访时。
96/97 图片：2005.05.02，洛杉矶，Gina Ferazzi 拍摄；引语：2012.01 接受《盐湖城论坛报》采访时。
98/99 2008.07.02，圣莫妮卡，Tiffany Rose 拍摄。
100/101 2005.09.19，埃尔塞贡多，Andrew D. Bernstein 拍摄。
102/103 图片：2006.11.03，洛杉矶，Andrew D. Bernstein 拍摄。引语：2010.07，在“科比篮球学院”发言时。

北京

104/105 图片：马天龙拍摄；引语：2008.08，接受阿联酋《国家报》采访时。
106/107 引语：2013.10，接受中国媒体群访时。
108/109 图片：Atiba Jefferson 拍摄。
110/111 图片：左，2008.08.24，北京，Jesse D. Garrabrant 拍摄。右，2008.08.24，北京，来

自美联社；引语：2012.07，接受中国媒体群访时。
112/113 图片：左，2008.08.24，北京，Garrett Ellwood 拍摄。右，2008.08.24，北京，来自 Bloomberg；引语：2008.8，接受美联社采访时。
114/115 图片：来自 Nike；引语：2015.08，接受中国媒体群访时。

洛杉矶 III

116/117 图片：Atiba Jefferson 拍摄；引语：摘自科比纪录片《MUSE》。
118/119 图片：2008.05.16，盐湖城，Andrew D. Bernstein 拍摄；引语：2013.1，接受《今日美国》采访时。
120/121 图片：2013.10.03，埃尔塞贡多，Andrew D. Bernstein 拍摄；引语：2010.5，接受《今日美国》采访时。
122/123 图片：2009.12.04，洛杉矶，Noah Graham 拍摄；引语：摘自 Bryant T. Jordan 的《Saving the Lakers》。
124/125 图片：2008.05.06，洛杉矶，Noah Graham 拍摄；引语：2008.05，接受 ESPN 采访时。
126/127 图片：来自美联社；引语：2013.2，接受《雅虎体育》采访时。
128/129 2009.11.17，洛杉矶，Noah Graham 拍摄。
130/131 2010.01.08，飞往波特兰的飞机上，Andrew D. Bernstein 拍摄。
134/135 图片：2010.06.17，洛杉矶，Andrew D. Bernstein 拍摄；引语：2012.11，接受《今日美国》采访时。
136/137 图片：008.04.23，洛杉矶，Andrew D. Bernstein 拍摄；引语：2016.01，接受 ESPN 采访时。
138/139 图片：2008.01.27，洛杉矶，Andrew D. Bernstein 拍摄；引语：摘自纪录片《Dream Season 23&24》。
140/141 图片：2008.12.25，洛杉矶，Noah Graham 拍摄；引语：2010.11，接受《雅虎体育》采访时。
142/143 2009.06.04，洛杉矶，Noah Graham 拍摄。
144/145 图片：2009.11.19，洛杉矶，Noah Graham 拍摄；引语：2015.02，接受 NBA TV 采访时。
146/147 图片：来自《扣篮》；引语：2015.02，接受《GQ》采访。
148/149 图片：2014.03.20，洛杉矶，Andrew D. Bernstein 拍摄；引语：2013.01，接受《今日美国》采访时。
150/151 2010.06.15，洛杉矶，Ronald Martinez 拍摄。

波士顿

152/153 图片：Atiba Jefferson 拍摄；引语：摘自科比纪录片《MUSE》。
154/155 图片：1996.06.20，波士顿，来自《波士顿环球报》；引语：2016.01 接受 ESPN 采访时。
156/157 图片：左，2008.06.10，洛杉矶，Juan Ocampo 拍摄。右，2008.06.05，波士顿，Joe Murphy 拍摄；引语：2013.06 接受 ESPN 采访时。
158/159 图片：2008.06.17，波士顿，来自美联社；引语：摘自 Ryan Cuff 的《Basketball Blood》。
160/161 图片：2007.12.30，洛杉矶，来自美联社；引语：2015.12，接受 NESN 采访时。
162/163 图片：2009.02.05，波士顿，Brian Babineau 拍摄；引语：2013.02，接受 ESPN 采访时。

洛杉矶 IV

164/165 图片：Atiba Jefferson 拍摄；引语：2015.06，接受 ESPN 采访时。
166/167 图片：2009.04.09，洛杉矶，Kevork Djansezian 拍摄；引语：摘自 Bryant T. Jordan 的《Saving the Lakers》。
168/169 图片：2016.02.14，多伦多，Jennifer Pottheiser 拍摄；引语：2011.12 接受 ESPN 采访时。
170/171 图片：左，2012.10.31，波特兰，Sam Forencich 拍摄。右，2012.10.30，洛杉矶，Andrew D. Bernstein 拍摄；引语：摘自 Jason M. Fields 的《Who's Afraid of the Big Bad Wolf》
172/173 图片：Martin Schoeller 拍摄；引语：2014.03，接受 ESPN 采访时。
174/175 图片：2013.02.05，布鲁克林，Nathaniel S. Butler 拍摄；引语：2014.08，接受 ESPN 采访时。
176/177 图片：2013.03.24，亚特兰大，Curtis Compton 拍摄；引语：摘自科比纪录片《MUSE》。
178/179 图片：左，1998，英格伍德，Andy Hayt 拍摄。右，2014.12.14，明尼苏达，来自美联社；引语：摘自 Paul Volponi 的《The Final Four》。
180/181 1998，芝加哥，Andrew D. Bernstein 拍摄。
182/183 2003.02.09，亚特兰大，Andrew D. Bernstein 拍摄。
184/185 2002.11.08，华盛顿，Doug Pensinger 拍摄。
188/189 图片：2003.03.28，洛杉矶，Vince Bucci 拍摄；引语：2014.12，接受 CBS 体育采访时。
192/193 图片：2016.04.13，洛杉矶，Atiba Jefferson 拍摄。
196/197 图片：2016.04.13，洛杉矶，Atiba Jefferson 拍摄。
198/199 图片：2016.04.13，洛杉矶，Atiba Jefferson 拍摄。引语：2014.04，接受 ESPN 采访时。
200/201 图片：来自 Nike；引语：2013.10，接受《体育画报》采访时。
202/203 图片：2005.12.04，洛杉矶，Justin Jay 拍摄；引语：2012.04，接受 ESPN 采访时。

特写

204/205 马天龙拍摄。
206/207 来自 NIKE。
208/209 Atiba Jefferson 拍摄。